소소여행

고양 테마 여행기

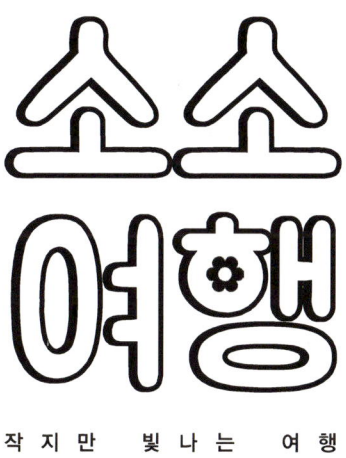
소소 여행

작지만 빛나는 여행

이다빈 지음

들어가며

'고양고양이' 캐릭터가 탄생하고 '~할 고양?'이라는 다소 말장난 같은 홍보 덕에 이제는 고양시가 사람들에게 많이 익숙해졌다. 하지만 대부분의 사람들은 아직도 일산이 고양시에 속하는 구 이름이라고 하면 낯설어한다. 성남의 분당과 원도시의 관계처럼 일산신도시와 덕양구 사이에 있는 시간의 그림자는 세월의 바람을 더 맞아야 할 모양이다.

고양은 600년 전 이름을 지금까지 사용하고 있는 도시다. 1989년 가와지 재배볍씨가 발견되어 고양의 역사는 5천 년 전까지 올라간다. 고향(故鄕)의 마을 '향(鄕)'은 그릇에 담긴 음식을 가운데 놓고 두 사람이 마주앉아 나누어 먹는 모습을 형상화한 글자다. 매일 밥을 함께 먹던 식구들이 살고 있는 곳이 고향인 것이다. 아파트에 오래 살아도 추억이 쌓이지 않는 것을 보면 밥을 같이 먹지 않아서인 것 같다. 고양이 고향과 비슷한 발음을 가졌고 한반도 벼농사가 고양에서 최초로 시작된 것도 우연이 아닌 듯하다.

나는 30여 년 전 지리산 너머 있을지도 모를 꿈에 젖어 있었다. 그래서 무작정 서울로 올라왔다. 변변한 살림집을 꾸릴 수 없어 서울에서도 2년에 한 번 꼴로 이사를 다녔고, 이후 부천, 김포 등지를 옮겨 다니며 살았다. 7년 전부터 일산신도시에 들어와 살았는데 그 안에서도 벌써 네 번이나 이사를 했다. 삶은 여행이라는 말을 증명하듯 지천명의 나이를 훌쩍 넘긴 지금까지 여행하듯 삶을 살아왔다. 10여 년간 세계라는 넓은 운동장으로 나아갈 수 있었던 것도 집을 소유하지 않은 덕분이다. 여행을 하면 무언가를 더 많이 소유할 필요가 없다는 것을 알게 된다. 앞으로 펼쳐질 풍경은 알 수 없다. 그것을 만나고 나서야 비로소 그것이 어떤 것인지 알게 되는 것 같다.

여러 나라 작가들의 삶의 흔적을 찾아 쓴 『작가, 여행』을 세상에 내보내고 나니 정작 발밑은 보지 못하고 있다는 생각이 들었다. 그래서 내가 한때 살았거나 강의를 위해서 오갔던 지역을 중심으로 우리 땅 소소여행을 시작했다. 나는 내가 살고 있는 고양시조차 잘 알지 못했다. 일산신도시에서 살다 보니 같은 도시 안의 덕양구로 나갈 일도 별로 없었다. 서울로만 향하는 수도권 시민의 삶을 살고 있었던 것이다.

『소소여행(고양테마여행기)』을 쓰면서 고양의 역사 공간 속으로 시간 여행을 떠났다. 새로운 눈으로 보니 소소한 여행도 특별한 여행이 되었다. 볼것이 별로 없는 곳에도 그곳을 스쳐갔던 사람들의 이야기는 남아 있었다. 잘 살펴보고 잘 들어보니 살면서 눈여겨보지 않았던 것들이 내게 말을 걸었다. 행주나루터에서 만난 한강의 어부, 북한산성에서 행궁지를 찾게 해준 인연, 견달산에서 달려든 벌과 모기들, 그리고 아픔과 희망을 싣고 달려오다 멈춰선 경의선 철로는 소소한 여행에서만 마주칠 수 있는 것이었다.

  고양시를 지나가는 경의선 열차는 북녘땅을 거쳐 유럽으로 향하는 꿈을 꾸고 있다. 그동안 많은 시련을 통해서 우리는 무엇이 잘못되었는지 깨달았다. 통일로와 자유로를 달려 70년 분단으로 나뉘어졌던 땅을 여행할 날도 머지않아 보인다. 북한산의 물줄기가 한반도의 허리 고양을 감싸고 통일의 바다로 나갈 그날을 기다려본다.

2019년 10월
이다빈

목차

들어가며 ·7

창릉천 따라 흐르는 **역사 여행**

고양시 1번지 **북한산** ·16

비운의 여인들이 묻힌 **서오릉** ·36

백성들의 삶의 터 **행주산성** ·50

경의선 따라 달리는 **기찻길 여행**

과거와 현재의 공존 **일산역** ·68

전설이 남긴 흔적 **백마역** ·82

신도시의 그림자 **대곡역** ·96

마을에 꽃피는 **예술 여행**

시가 흐르는 **송강마을** ·110

이야기를 수놓은 **화전동 벽화마을** ·126

꽃과 음악이 춤추는 **호수공원** ·142

고양시 지도

1 북한산	4 일산역	7 송강마을
2 서오릉	5 백마역	8 벽화마을
3 행주산성	6 대곡역	9 호수공원

(창릉천) 따라 흐르는 (역사) 여행

고양시 1번지 북한산

 지하철 3호선 구파발역에서 704번 버스를 타고 북한산성 입구에 내렸다. 북한산 산행을 하는 사람들은 자가용 대신 대중교통을 이용하면 올라간 길과 다른 길로 내려올 수 있어 좋다고 했다.
 도로를 따라 올라가다 보니 길 왼편에 북한산성지원탐방센터가 있어서 지도 하나를 얻은 뒤 산을 올랐다. 북한산 입구에 서서 북한산의 봉우리들을 바라보니 수도를 방어하려면 이 정도의 웅장함은 있어야 한다는 생각이 들었다.
 서울의 뼈대를 이루는 북한산의 주소는 고양시 덕양구 북한동 산 1-1번지이다. 백운대, 인수봉, 만경대 세 봉우리가 큰 삼각형으로 놓여 있어서 삼각산으로 불리던 북한산은 삼국시대부터 패권쟁탈의 현장이었다. 북한산(北漢山) 지명에 들어 있는 '한산'은 신라 때부터 땅 이름이었다고 하는데 왜 땅 이름에 산을 붙였는지에 대한 기록은 찾을 수가 없었다. 북한산은 한산의 북쪽 땅, 남한산은 한산의 남쪽 땅, 서울의 옛 지명 '한양(漢陽)'은 한산의 남쪽 땅에 있는 양지바른 지역이라는 뜻이다. 조선 말기까지 삼각산이라는 지명을 썼는데 일제 강점기 때 일본 학자가 조선

북한산 입구

총독부에 제출한 자료에 북한산으로 표기하면서부터 고정되어 버린 것이라고 한다. 1983년 북한산국립공원을 지정하기 전에 그것을 고려했으면 좋지 않았을까.

 산을 오르다 보니 몇 년 전 중국 태산을 올랐을 때의 느낌이 들었다. 공자는 30대에 태산을 오르고 말년에 안회와 함께 다시 올라 "태산에 오르고 나서 천하가 작다는 것을 알았다"라는 말을 남겼다. 과거의 왕과 선비, 그리고 현재의 정치가, 기업가들이 산을 오르는 이유를 알 것 같았다.

 북한산성 출입구인 대서문이 보였다. 공사중이라 문 전체가 파란색 천으로 둘러싸여 있어서 가까이 가서야 현판 글씨가 보였다. 대서문을 받치고 있는 돌의 크기가 어마어마했다. 남한산성의 2배나 되는 크기다. 병자호란의 뼈아픈 경험 때문에 몇 백 년은 거뜬히 버틸 수 있는 성이 만들어졌다. 전체 둘레가 11.6km나 되는 북한산성은 기암절벽의 커다란 봉우리를 이용한 것이 특징이다. 성벽은 돌 사이에 잔돌을 끼우지 않고 표면을 가공해 틈이 없이 맞물리도록 했고, 지세의 높이에 따라 성벽의 높낮이를 달리 했다. 능선 정상부에는 방어용 담인 성가퀴만 쌓은 곳도 있다고 한다.

서문 초입에 들어 사방을 둘러보니

기개가 강건하고 마음이 웅대해져 내 근심 풀리네

나라 도성 지척에 견고한 금성탕지의 산성 있는데

백성을 어찌 버릴까. 한양을 꼭 지키리라.

숙종이 대서문에 도착하여 완공된 북한산성을 바라보며 남긴 시다. 북한산성 안내지도를 보면 이곳에서부터 '숙종의 길'이 시작된다. 북한산성이 숙종의 야심찬 계획 하에 이루어진 사업이고 실제로 숙종이 걸었던 길이기에 붙여진 이름이다. 중성문, 산영루, 중흥사, 호조창지, 행궁지를 지나 동장대에서 끝나는 이 길은 총 5.5km로 편도 3시간 정도 걸리는 거리다. 나는 이 길을 따라가 보기로 했다.

여행을 하면 뜻하지 않은 사람들을 만나게 된다. 대서문을 통과해서 산길을 걷고 있는데 웬 중년 여성이 말을 걸어왔다.

"일행 없이 왔는데 오늘 하루 같이 다니면 안 될까요?"

"저는 산을 타러 온 것이 아니라 여행을 왔으니 같이 가면 불편하실 거예요."

"오늘은 주변의 풍광을 감상하고 쉬엄쉬엄 가고 싶어서 괜찮아요. 보통 때는 산행 모임을 통해 오거든요."

"그러면 그냥 혼자 다니시지 굳이 동무가 필요한가요?"

"산을 혼자 오르면 위험하잖아요. 그쪽 코스에 맞춰서 방해하지 않을 테니 말동무나 하며 같이 갑시다."

얼떨결에 동행이 생겼다. 길을 따라 올라가는데 오른편에 가을 햇살을 받고 있는 무량사가 말을 건넸다. 끌리듯 무량사 뒤쪽으로 난 계단을 올라서니 미륵불이 북서쪽 봉우리 원효봉을 바라보고 있었다. 북한산에는 신라 고승 원효의 이름이 붙여진 곳이 여러 군데 있다. 원효 대사가 해골에 담긴 물을 마시고 큰 깨달음을 얻은 후 당나라 유학을 포기하고 수행한 원효암도 있고, 원효가 세운 상원사도 있다.

북한산에서 으뜸인 백운대는 어디 있을까 하며 돌아보니 원효봉 뒤로 백운대, 만경대, 노적봉이 보였다. 산속에 마음을 두니 곳곳에 숨어 있는 봉우리들이 얼굴을 내밀었다. 하지만 백운대는 왠지 쉽게 문을 열어주지 않을 것 같았다.

약사전 뒤쪽 벼랑의 움푹 파인 굴 속에는 작은 부처상과 호랑이를 타고 앉은 산신이 모셔져 있고, 그 앞에 우물이 보였다. 고종의 후궁 순빈 엄씨가 이곳에서 산신각을 짓고 백일기도를 올려 조선의 마지막 황태자 영친왕을 낳았다는 이야기가 있다. 그녀는 숙종이 세워놓은 "후궁은 왕비가 될 수 없다"는 법도 때문에 명성황후가 죽고 나서도 황후가 될 수 없었고, 자식을 일본에 볼모로 보내야만 했다. 낙조처럼 마지막이란 말에는 쓸쓸함이 깃들어 있다. 어린 나이에 어머니 품을 떠나 조선과 일본 양국에서 외면당한 조선의 마지막 황태자의 운명을 어머니는 알 수 없었을 것이다.

혼자 다니는 것에 익숙해서 동행이 있다는 것을 깜빡 잊고 있었는데 동행녀는 원효봉을 그리고 있는 백발의 여인과 함께 있었다. 내가 여기저기 기웃거리는 동안 그녀는 그림을 감상하고 있었던 것이다.

무량사를 나와 버들치가 사는 북한천 계곡의 물소리를 따라 올라갔다. 등산객들이 쉬고 있는 맞은편에 기와를 얹은 북한동 역사관이 덩그렇게 서 있었다. 300년 전 고양의 동쪽 끝에 형성된 북한동 마을은 최근까지 사람들이 살았다. 북한동 마을은 살구나무가 많이 자라는 지역이어서 행화촌(杏花村)이라고도 불렸다. 북한산성과 함께 생성된 북한동 마을에는 약초나 산나물, 땔감 따위를 내다파는 큰 장터도 있었다. 마을 주민들은 주로 탐방객들을 상대로 음식점을 운영했는데 계곡이 오염되고 소음과 안전 문제로 마을 철거 계획이 세워져 2010년 모두 이주해서 마을은 이제 역사 속으로 사라졌다.

무량사에서 바라본 백운대, 만경대, 노적봉

순빈 엄씨가 이곳에서 산신각을 짓고 백일기도를 올렸다는 이야기가 전해진다

창릉천의 발원지 북한천 계곡

한참을 올라가니 중성문이 나타났다. 숙종은 북한산성이 축성된 다음해 성을 둘러보고 대서문이 있는 서북 방향이 평지라서 공격에 취약하니 내성을 다시 쌓으라고 지시했다. 이 중성문 안쪽에 행궁을 비롯하여 주요 시설이 집중되어 있다.

조금 올라가니 계곡 위에 예로부터 묵객들이 자주 찾았다고 하는 산영루(山映樓)가 보였다. '아름다운 북한산의 모습이 물가에 비친다'는 뜻의 산영루는 북한산의 유일한 정자로 1925년 대홍수 때 사라졌는데 그 주춧돌 위에 복원되어 있었다. 북한산 서쪽은 동쪽보다 해가 빨리 지고 기온도 낮은데 이곳만은 비교적 햇살을 잘 받는다. 계곡 주변에 등산객들이 짝을 지어 앉아 있었는데 과거 선비들과는 사뭇 다른 풍광이었다. 산수도 세월 따라 변했듯 옛 묵객 같은 마음으로 산을 오르는 이는 없는 것 같았다.

산영루에 들어가지 못하게 해놓아서 나는 맞은편 넓적한 돌 위에 누워 이곳을 지나갔던 옛 사람들을 떠올려 보았다. 동행녀도 따라 누웠다. 다산 정약용과 추사 김정희는 이곳에서 「산영루」라는 시를 지었고, 실학자 이덕무는 2박3일 동안 북한산을 답사하고 나서 「유북한기」라는 북한산 기행기를 썼다.

산영루

나무마다 붉게 물든 숲속에

돌아 흐르는 냇물 솟구친 봉우리들

먼 종소리 빗소리에 더욱 젖어드는데

그윽한 독경소리 찬 구름 속으로 사라지네

늙은 바위 보니 전생이 생각나고

산은 깊어 종일토록 바라보네

구름 안개 거리낌없이 머무르고

좁은 오솔길 환히 보이는구나.

-김정희의「산영루」중에서

 동행녀와 나는 산영루를 바라보며 각자 가져온 김밥과 커피를 먹으며 살아온 이야기를 나누었다.

 잠깐 쉬었는데도 활력이 생겨 다시 산을 올랐다. 조금 올라가니 중흥사가 보였다. 북한산성이 완성된 후 중흥사는 큰 절로 증축되었고 남한산성에 있던 승군의 절반인 300명이 이곳으로 옮겨왔다. 중흥사는 북한산성 안의 11개 사찰을 관장하는 중심 사찰이었는데 조선이 망하자 화재와 홍수로 없어졌다가 최근에 복원되어 말끔한 얼굴을 하고 있었다.

 중흥사 주변을 돌아다니다 보니 김시습이 떠올랐다. 어린 단종이 즉위했을 때 김시습은 과거를 보기 위해서 서울로 올라왔다. '오세동자'라고 불릴 정도로 조숙했던 천재가 과거시험에 낙방하고 말았는데 애초부터 벼슬길로 나갈 운명은 아닌 모양이었다. 그 후 김시습은 서책을 싸서 이곳 중흥사로 올라왔다. 그 해에 계유정난이 일어났고, 단종은 숙부인 수양대군의 위협에 못 이겨 왕위를 물려주고 말았다. 서울에서 온 사람에게서 그 사실을 전해 들은 김시습은 방문을 걸어 잠그고 사흘 동안 바깥에 나가지 않았다. 의지를 상실한 그는 통곡 끝에 책마저 불살랐다.

> 바랑 하나에 생애를 걸고
> 인연 따라 세상을 살아가오
> 삿갓은 오직 하늘의 눈으로 무겁고
> 신발은 초국 땅의 꽃으로 향기롭소
> 이 산 어디에나 절이 있을 터이니
> 어디인들 내 집이 아니겠느냐
> 다른 해에 선실을 찾을 때에
> 어찌 길이 멀고 험하다고 탓하겠느냐.
>
> -김시습의 「일발즉생애」

중흥사

강릉 매월당 김시습기념관에서 본 이 시 때문에 나는 김시습에게 이끌렸다. 김시습은 평생 여행자로 살면서 유교와 불교, 도교와 같은 학문을 닦으며 맑게 살고자 했다. 글과 삶이 어긋나지 않고 직접 농사 지으며 스스로 몸을 움직여 정직하게 살았던 그의 삶은 내게 큰 울림을 주었다.

중흥사를 지나 1km 정도 올라가니 곡식을 저장했던 호조창지가 나왔다. 그런데 다음 목적지인 행궁지의 이정표가 보이지 않았다. 휴대폰 지도를 켰지만 산에서는 별 소용이 없었다. 동행녀는 한 발 앞서 산을 오르는 노인에게 행궁지가 어디 있는지 물었다. 노인은 더 올라가야 한다고 했다. 지도 위치상 올라가면 안 될 것 같았지만 초행길이라 노인의 말을 믿고 따라갔다. 하지만 이정표는 없었고, 노인은 그제서야 자기가 잘못 본 것 같다고 말했다.

기운이 빠졌다. 다시 호조창지로 내려갔다. 잘 따라오던 동행녀는 벌써 체력이 바닥난 듯했다.

"힘들면 내려가세요."

"아니에요. 이왕 온 거 끝까지 함께 해야죠."

호조창지 근처에서 지도를 보며 행궁지를 찾고 있는데 중년 남자 둘이 다가왔다. 그중 한 명이 행궁지를 찾아주겠다며 자기를 따라오라고 했다. 내 직감은 이번에도 내려가면 안 된다고 외쳤으나 몸은 이미 그들을 따라가고 있었다.

다시 온 길을 따라 산영루까지 내려갔다. 휴대폰에 뜨는 위치와는 더 멀어져 가고 있었다.

"이 길이 아닌 것 같으니 우리 신경 쓰지 말고 가던 길 가세요."
"잘못 알려줬으니 끝까지 찾아드려야죠. 다시 올라갑시다."

나는 세 명이나 늘어난 동행이 부담스러워 굳이 그렇게까지 하지 않아도 된다고 했는데 모두 동행을 철회할 마음이 없어 보였다.

다시 호조창지까지 올라갔다. 그런데 호조창지 옆에 그렇게 찾아도 보이지 않던 행궁지 이정표가 나타났다. 나는 환호성을 지르며 이정표를 따라 뛰어올라갔다. 하지만 가파른 길엔 나무만 무성했고 모기가 귓속을 파고들 뿐 행궁은 보이지 않았다. 적이 쳐들어오지 못하게 북한산 깊숙이 행궁을 건설했다고 하는데 길이 나 있는 지금도 찾기 어려운 걸 보면 정말 천혜의 요새인 것만은 틀림없다는 생각이 들었다.

꽤 숨이 차오를 무렵 나무 사이로 희끗한 돌무더기가 보였다. 마지막 힘을 내어 올라서니 폐허로 남은 행궁이 드디어 얼굴을 드러냈다. 북한산 깊숙한 곳에 자리했던 북한산성 행궁은 조선의 멸망과 함께 이틀간의 대홍수로 사라졌다. 임진왜란과 병자호란으로 혼란한 사회를 수습하고 강한 나라를 세우려던 숙종의 꿈도 돌무덤 속에 잠들어 있었다. 눈앞에 우뚝 선 봉우리들과 폐허가 된 터를 마주하니 "좋은 울음터다. 한바탕 울 만하구나"라는 연암 박지원의 문장이 떠올랐다. 그리고 한때 세계를 호령했으나 서양세력에 의해 짓밟힌 청나라 황실의 주 무대였던 원명원의 모습도 겹쳐졌다.

행궁지를 찾느라 지쳤지만 동장대까지는 갈 수 있을 것 같았다. 성벽을 따라 오르다 보니 인류 역사상 가장 큰 제국을 건설했던 칭기즈 칸의 "길을 가는 자 흥하고, 성을 쌓는 자 망하리라"는 말이 생각났다. 로마제국은 세계로 연결하는 로마가도를 만들었고, 중국 진시황은 이민족을 막는 만리장성을 건설했다. 인류는 길을 통해서 발전되어 왔고, 현재는 인터넷이라는 또 다른 길을 통해 열린 세계로 나아가고 있다. 우리 마음에 쌓아놓은 성벽도 조금씩 허물며 세계의 길로 나가야 하지 않을까.

북한산성의 동쪽에 위치한 동장대는 북한산성 3개의 장대 중 가장 높은 곳으로 금위영의 장수가 주둔했던 곳이기도 하다. 동장대는 나무가 갈라지고 색이 바래 있었다. 성벽 아래로 서울이 한눈에 들어왔다.

행궁지

백운대 정상까지 오르기엔 시간과 체력이 따라줄 것 같지 않아 능선을 따라 대동문으로 내려왔다. 나는 산을 내려오면서 행궁지를 찾아준 동행남에게 물었다.

"같은 산을 뭘 그리 자주 오르시나요?"

"산을 오르는 것은 인생길과 같아요. 산은 한 번도 같은 모습을 보여준 적이 없죠."

예상치 못한 동행들도 만나 하루를 같이 보내게 되었다. 만났다 흩어지는 물처럼 스쳐가는 사람들이지만 경계를 풀고 대하니 하루가 선물같이 느껴졌다.

돌이 많아 멀리서 보면 험준해 보이지만 북한산의 품은 깊고도 부드러웠다. 산의 기운을 받은 햇살도 북한천 계곡을 따라 흘러 창릉천 벌판을 키워내고 한강의 품으로 흘러가고 있었다.

동장대

비운의 여인들이 묻힌 서오릉

 가을색이 조금씩 짙어가는 추석 연휴에 서오릉을 찾았다. 지하철 3호선 원당역에서 9701번 버스를 타고 서오릉 입구에 내렸다. 주변엔 맛집과 분위기 있는 카페가 많았다. 서오릉 안에는 산책로도 있어서 쉼터 같은 곳이라는 느낌이 들었다.

 푸른 이파리가 시간이 지나면 낙엽이 지는 것처럼 인간도 태어나면 죽고, 만나면 헤어지는 것이 당연지사다. 그런데도 죽음, 이별과 같은 단어를 멀리 두고 싶어 하는 이유는 보이지 않는 것에 대한 공포감 때문일 것이다. 한편으로 가을이 되어 단풍을 즐기는 걸 보면 사람들은 죽음도 삶의 일부라는 것을 무의식적으로 받아들이고 있는 것 같다.

 조선은 태조로부터 순종에 이르기까지 500여 년의 시간 동안 27명의 국왕을 배출했다. 전체 42기의 왕릉 가운데 북한에 2기가 남아 있고, 단종의 장릉을 제외한 조선왕릉 39기는 경기도에 몰려 있다. 왕이 왕릉에서 제례를 올리기 위한 행차를 하루 만에 다녀올 수 있도록 한양의 궁궐에서 100리 안에 두어야 했기 때문이다. 40기 모두 유네스코 세계문화유산으로 등재되어 있다.

 서오릉은 추석 연휴에는 입장료를 받지 않는다고 적혀 있었다.

서오름 산책로

안으로 들어가니 제일 먼저 명릉이 보였다. 조선 왕실의 무덤은 묻힌 사람의 신분에 따라 왕과 왕비의 무덤은 '능', 왕의 생모, 왕세자와 왕세자빈의 무덤은 '원', 대군과 공주 등의 무덤은 '묘'로 구분해서 불렀다.

북한산성에서 만난 숙종을 서오릉에서도 제일 먼저 만나게 되었다. 서오릉에는 조선시대 최고의 궁중 스캔들을 일으킨 왕으로 알려진 숙종과 그의 여인들의 이야기가 가득하다. 사실 스캔들이 생긴 이유는 당파싸움과 공작정치 때문이었다. 숙종은 조선시대 적장자 출신으로 완벽한 정통성을 갖춘 왕이었고 강력한 왕권을 행사했다. 그는 치열한 당쟁과 정쟁의 소용돌이 속에서 왕권을 지키고 업적도 많이 남겼다. 46년간이나 재위를 했으니 온갖 일이 있지 않았을까. 숙종은 어릴 때부터 궁인들이 옷을 입히거나 머리를 손질하는 것조차 못하게 했을 정도로 신경질적이었다고 기록되어 있다. 정실왕후도 네 차례나 바꾼 걸 보면 숙종이 여인들에게 휘둘린 것 같지는 않다.

서오릉 안에는 사방으로 소나무가 울창했다. 왕릉 주변은 방재를 위해 주로 침엽수를 심었는데 특히 소나무를 선호했다. 신성한 지역으로 들어가는 표식이자 잡귀를 막기 위해 붉은 화살을 새겨넣은 홍살문을 지나니 얇고 넓적한 돌이 깔린 길이 이어졌

명릉 앞 홍살문

정자각과 명릉

다. '참도'라 불리는 이 길은 좌우로 나뉘어져 있었는데 왼쪽의 약간 높은 길은 제향시 향과 축문을 들고 가는 향로이고, 오른쪽의 낮은 길은 왕이 다니는 어로다. 팻말에는 어로로 걸어가라고 적혀 있었다.

어로 끝에 있는 정자각은 왕릉의 제사를 지내는 곳이다. 정자각 뒤 능침 구간은 들어갈 수 없게 되어 있었다. 보통 조선왕릉 주변엔 문인석과 무인석, 석마 등의 돌조각들을 놓고, 사악한 기운을 몰아내기 위해 장명등을 배치해 두며, 난간석과 병풍석을 세워 놓는다. 명릉은 숙종이 부장품을 줄이고 석물 치수도 실물 크기에 가깝게 하라고 명해서 병풍석도 두르지 않고 간소하게 만들어졌다.

숙종이 인현왕후 옆에 잠들어 있는 걸 보니 폐위되어 궐 밖으로 쫓겨났다가 짧은 생을 살다간 인현왕후에게 많이 미안했던 것 같다. 장희빈과 인현왕후는 전생에 무슨 사이였길래 살아생전 그렇게 많은 시비가 있었을까.

처음으로 맞은 왕비 인경왕후가 천연두로 사망하자 적적했던 숙종은 후궁이었던 장희빈에게 반했다. 조선시대 여인들의 운명이 그러했듯 장희빈이 궁궐에 들어온 것은 당파적 목적을 가진 숙부의 뜻에 의해서였다. 숙종은 대왕대비전에 항상 문안인사를 드렸기 때문에 나인으로 있던 장희빈은 눈에 띄기 쉬웠다. 숙종의 어머니는 반대파인 남인에게 힘이 되는 장희빈을 궁 밖으로 쫓아내고 같은 서인 계열의 딸 인현왕후를 간택했지만 어머니가 돌아가시자 숙종은 장희빈을 다시 불러들였다. 그리고 왕자까지 출생하자 숙종은 뛸 듯이 기뻐하며 장희빈과의 사이에 낳은 아들을 후계자로 책봉했다.

인현왕후 뒤에는 서인 정권의 입김이 작용하고 있었는데 원자 책봉을 반대하는 상소문이 자꾸 올라오자 숙종은 화가 나서 서인 세력의 최고 권력자인 송시열을 제주도로 유배시킨 후 사약을 내렸다. 그리고 서인 가문 출신인 인현왕후까지 폐위하고 말았다. 남인의 지원을 받는 장희빈을 중전으로 올려 원자의 정치적 배경을 구축해 주려고 했던 것이다. 인현왕후는 폐위된 후 서인의 신분으로 3년간 김천 청암사에 머물렀는데 수도산 곳곳을 다니며 시문 짓는 것으로 삶을 달랬다는 이야기도 있다.

이 틈새에 숙종의 눈에 들어 신데렐라가 된 여인이 또 한 명 있다. 숙종은 인현왕후를 폐위시키고 나서 궁궐을 거닐다가 폐비의 만수무강을 위해 축원을 드리고 있는 무수리 출신의 최씨 여인이 마음이 들었다. 이윽고 최씨는 숙빈에 봉해졌고 아들 둘을 낳았는데 첫째 아들은 두 달 만에 세상을 떠났고, 둘째 아들은 훗날 영조가 된 연잉군이다.

정권이 서인에서 남인으로 넘어오고 장희빈을 후원했던 남인 정권이 다시 권력을 잡았으나 5년 후 다시 서인들의 반격을 받았다. 숙종은 이것 때문에 장희빈을 폐출시키고 인현왕후를 복위시켰지만 환궁 이후 1년 반의 투병 끝에 인현왕후는 결국 세상을 떠나고 말았다. 숙종은 장희빈에게 사약을 내린 이후에 후궁은 중전이 될 수 없다는 국법까지 만들었다.

인현왕후가 사망한 지 1년도 안 되어서 숙종은 16세의 새 왕비 인원왕후를 맞아들였다. 이때 숙종의 나이는 41세였다. 그렇게 급하게 혼인을 했지만 숙종은 인원왕후를 특별히 총애하진 않았다. 그러다보니 인원왕후는 존재감 없는 왕비로 지낼 수밖에 없었다.

최숙빈은 아들이 왕위에 오르는 것을 보지 못한 채 40대 나이에 세상을 떠났다. 숙종의 여인들 중 최숙빈의 무덤만 유일하게 파주의 소령원에 있다. 인원왕후는 숙종의 사랑을 받지 못했지만 최숙빈의 아들인 영조를 아꼈고 손자인 사도세자도 무척 사랑했다고 한다. 그녀가 좀더 오래 살았더라면 사도세자가 뒤주에 갇혀 죽는 것을 막았을지도 모른다.

인원왕후는 숙종이 바라보이는 언덕에 자신을 묻어달라는 유교를 남겼는데 영조는 왕이 누운 오른쪽에는 능침을 마련하지 않는 관례를 깨고 숙종의 오른쪽에, 그것도 좀더 높은 윗자리에 마련했다. 영조는 인원왕후에게 받은 사랑의 보답을 그렇게 한 것이다.

문득 이 파동을 타지 않았던 숙종의 원비인 인경왕후의 능은 어디 있을까 궁금해서 안내 책자를 찾아보았다. 왕릉의 수호, 관리 및 제사 관련 준비를 하던 재실을 지나 사도세자의 생모 영빈 이씨 묘인 수경원에서 조금 더 가야 했다.

인경왕후의 능인 익릉은 수경원보다 약간 높은 곳에 있었다. 13세에 왕비가 되어 19세에 세상을 떠나 스캔들에 휘말리지 않은 이 여인을 행복하다고 보아야 할까.

순창원 가는 길에 서어나무길이라는 산책로가 나 있었다. 몇 개의 능을 보았을 뿐인데 걷는 거리가 꽤 되었다. 명종의 아들 순회세자와 세자빈인 공회빈 윤씨가 묻혀 있는 순창원은 이야기가 별로 없어서인지 그냥 지나치는 사람들이 많았다.

덕종과 소혜왕후의 능이 있는 경릉 아래쪽으로 조금 돌아가니 후미진 곳에 장희빈의 묘인 대빈묘가 자리잡고 있었다. 경기도 광주에 있던 대빈묘는 1970년에 서오릉으로 합류했다. 한때 왕비의 자리에 올라 세자까지 낳았는데도 숙종과 세 왕비와 멀리

재실

익릉

떨어져 초라하게 누워 있는 그녀의 모습은 죽어서도 쓸쓸해 보였다.

장희빈이 드라마에서 워낙 유명하다 보니 장희빈과 관련한 속설이 한때 인터넷에 떠돌기도 했다. 희빈의 기를 누르려고 무덤 위쪽에 커다란 바위를 놓아두었는데 그 돌을 뚫고 소나무가 자랐다는 이야기도 있고, 묘에 절을 하고 공물을 바친 후 학춤을 추면 남자관계가 잘 풀린다는 이야기도 나돌았다. 어쨌거나 장희빈의 묘는 역사가 그녀를 어떻게 평가하는지 잘 보여 주고 있었다. 숙종은 한때 장희빈에게 사랑을 듬뿍 주었지만 오래 가지 않았다. 왕의 여인들은 사랑을 자유롭게 할 수 없었다. 여인들은 권력을 등에 업어야 자신의 목소리를 낼 수 있었던 것이다.

홍릉의 주인 영조의 원비 정성왕후는 옆자리를 비워 놓은 채 영조를 기다리고 있었다. 영조는 이곳에 묻히기를 바랐으나 정조는 아버지 사도세자를 뒤주에 가두어 죽인 할아버지 영조를 이곳에 모시지 않고 멀리 동구릉에 묻었다. 조선 역사에 끔찍한 죽음으로 기억되는 영조와 사도세자의 갈등이 무덤에도 무늬를 새기고 있었다.

즉위한 이듬해 세상을 떠난 병약한 예종과 안순왕후가 잠들어 있는 창릉은 서오릉의 제일 외곽에 위치해 있어서 이곳까지 찾아오는 사람은 별로 없었다. 하지만 창릉의 이름을 딴 창릉천은 많은 지천을 거느리고 고양 땅을 굽이치며 흐르고 있다.

  지구의 자전축이 기울어져 있어서 그런지 우리는 늘 불안하게 살아간다. 기울어진 슬픔의 그릇을 채워주는 것은 사랑이다. 사랑이 담긴 몸은 아름다워진다. 창릉을 돌아 나오면서 서오릉에 묻힌 왕가의 여인들은 오늘날을 사는 우리에게 무슨 메시지를 전하고 있는지 생각해 보았다. 생성과 소멸을 반복하는 삶에서 추구해야 하는 진정한 가치는 바로 사랑이라고 그들은 말하고 있었다.

대빈묘

창릉천 따라 흐르는 역사 여행 49

백성들의 삶의 터 행주산성

 창릉천은 북한산에서 발원하여 흥국사 아래 사곡마을을 지나 은평뉴타운 개발로 물줄기가 가늘어졌다가 덕수교를 지나면 넉넉해진다. 3기 창릉신도시가 들어설 땅에 오면 다시 몸을 움츠리다가 강매석교를 지나 강고산 마을의 코스모스 축제에 몸을 푼다. 19개 지천을 거느리며 행주산성까지 그렇게 흘러온 창릉천은 덕양산 아래 한강의 품에 안긴다.

 마을버스 011번을 타고 행주산성 입구에서 내렸는데 바로 자전거도로가 이어졌다. 인도가 따로 없어 자전거도로를 걸었다. 고양 행주수위관측소 이정표 옆으로 붉은 교각이 빙빙 돌고 있었고 차들이 속도를 내며 달렸다. 지자체마다 유행처럼 자전거도로를 만들었지만 보행자를 위한 길은 별로 없다. 자전거도로가 끝나는 지점에서 차도를 따라 걸었다. 올레길을 따로 만들 것이 아니라 도로를 만들 때 걸을 수 있는 길을 같이 만들면 좋겠다는 생각이 들었다. 여행은 목적지에 도착하는 것보다 목적지를 찾아가는 여정이 훨씬 의미가 있다. 꽃이 피기까지 지나간 햇빛과 물과 바람의 길까지 떠올릴 때 꽃은 더욱 아름다워 보이기 때문이다.

창릉천 가는 길에 있는 자전거도로

행주산성이 바라보이는 창릉천 생태공원에 코스모스 길이 있었다. 높게 자란 풀과 쓰레기로 뒤덮였던 곳이 가을꽃밭으로 다시 태어났다. 곧 가을바람에 외롭게 떨어지겠지만 활짝 핀 코스모스의 분홍 마음은 아직 하늘 높이 날아오르고 있었다. 늘어진 수양버들도 질세라 가을을 흔들고, 노란 코스모스는 천변에서 계절을 피워내고 있었다. 흐드러진 꽃향기를 찾아 날아온 꿀벌들이 분주하게 꽃술을 훔치고 달콤한 연인들의 속삭임이 꽃 속에 파묻혔다.

한편에 서 있던 마차 주인이 큰소리로 사람들을 불렀지만 꽃향기에 취한 사람들은 탈것에 반응을 보이지 않았다. 가을의 코스모스는 무리지어 있을 때 더욱 아름답다. 코스모스의 어원처럼 사람도 질서와 조화를 지니고 있을 때 아름다운 것 아닐까.

꽃밭에서 꿈결인 듯 노닐다가 다시 행주나루터 쪽으로 걸어 나왔다. 행주나루터에는 어부들이 그물을 손질하고 있었다. 한강의 강폭이 지금의 절반 정도였던 옛날엔 나룻배를 이용해서 강을 건넜다. 1978년 행주대교가 개통되면서 행주나루터도 표지판만 남고 백사장이던 나루도 사라졌지만 아직 어부가 있다는 사실이 놀라웠다.

행주산성 역사공원에 들어섰다. 70년대 무장공비 침투를 막기 위해 설치되었던 한강 하류의 군 철책을 허물고 만든 공원이다. 행주 지역은 강 수로의 관문이어서 개화의 바람을 가장 먼저 맞았다. 1919년 3·1운동이 벌어졌을 때 이곳 주민들은 행주산성의 정상에서 등불을 올리고 야간에 만세운동을 벌였다. 만세 소리를 듣고 일본경찰이 쫓아오자 군중들은 "옛날 임진년에 이곳 행주산성에서 왜놈들이 망했는데 만일 쫓아오면 네 놈들과 똑같이 망하리" 하고 외쳤다. 게다가 한강에 배를 띄우고 배 위에서도 만세를 불렀다고 한다.

평일인데도 가족들이 많이 나와 있었다. '통일염원 바람개비'라고 이름붙인 전국 지방자치단체 243곳을 상징하는 바람개비 243개가 바람에 돌고 있었다. 아이들도 바람개비처럼 돌고 돌았다. 아이를 지켜보는 엄마들의 웃음도 바람에 펄럭였다. 산바람과 강바람이 일상의 고단함을 날려 보내는 것 같았다.

이 공원에는 조선시대 화가 겸재 정선의 '행호관어도'를 토대로 행주마을의 옛 모습을 재현해 놓았다. 옛 행주마을 아낙네들이 빨래를 하던 빨랫돌머리와 버드나무, 한강을 오가며 웅어를 잡던 웅어배도 복원해 놓았다. 빨랫돌머리에 앉아 있으니 왼쪽에는 빨간색의 방화대교가, 오른쪽에는 흰색의 신행주대교가 보였다. 그 옛날 아낙네들은 여기서 빨래를 하면서 억눌렸던 마음을

행주나루터

통일염원 바람개비

수다로 풀었을 것이다.

행주산성역사누리길 쪽으로 가다 보니 고양의 자랑스런 인물인 이가순의 송덕비가 있었다. 고양 땅은 이가순이 만든 수로 덕분에 가뭄을 잘 넘겨왔다. 독립운동가였던 이가순은 능곡에 정착하면서 행주산성 아래 양수장을 만들어 한강물을 끌어올려 농수로를 통해 흐르게 했다. 농업을 살리고 농민이 자립하는 것도 독립운동이라고 생각한 이가순은 이 사업에 재산을 투자했고 아들 대에 완성하게 되었다. 행주산성 아래 양수장에서 퍼올린 한강물은 이가순 수로를 통해 장항리까지 흘러 농경지의 수확량이 늘어났다. 이후에 이가순 수로는 송포 들녘을 가로질러 파주까지 연결되었다.

행주산성역사누리길로 올라가는 문이 있어 올라갔더니 팔각정 초소전망대가 나왔다. 이 팔각정은 초소 건물이었는데 분단 42년만에 철책이 제거되면서 지금은 전망대로 사용하고 있다. 전망대에서 한강을 바라보니 방화대교, 개화산, 계양산, 올림픽대로, 행주대교가 한눈에 들어왔다. 행주산성역사누리길로 연결되는 진강정 입구는 공사 중이라 더 들어갈 수 없어서 다시 돌아내려왔다.

행주산성 정문인 대첩문을 들어서니 권율 장군 동상이 우람하

행주마을의 옛 모습 재현

권율 장군 동상

게 서 있었다. 그 뒤로 행주대첩 장면들이 새겨져 있었는데, 행주치마에 돌을 담아 나르는 모습도 보였다. 행주산성은 임진왜란 당시에 의병과 승병을 포함한 3천 명으로 왜군 3만 명을 크게 물리친 행주대첩이 일어난 곳이다.

임진왜란이 일어난 다음해 1월 우리나라와 명나라 연합군은 반격을 펼쳐 북상했던 왜군을 서울로 퇴각시켰다. 그러나 왜군은 1월 27일의 벽제관 싸움에서 명군을 물리치고 다시 사기가 올랐다. 당시 전라도 순찰사였던 권율 장군은 군사를 거느리고 행주산성에 머물렀다. 1593년 2월 12일 새벽, 서울에 집결했던 왜군들이 벽제관 승리의 여세를 몰아 3만 대군을 이끌고 행주산성을 총공격했다. 우리 군은 권율 장군의 지휘 하에 강력한 신무기들을 동원하여 왜군과 맞섰다. 관군과 의병, 승병, 부녀자들이 합심하여 물밀듯이 밀려오는 왜군들과 맞서 격전을 벌였다. 아낙네들은 치마를 잘라 짧게 덧치마를 만들어 입고 치마폭에 돌을 주워 담아 전투를 도왔다. 여기서 행주치마라는 이름이 유래되었다. 결국 왜군은 시체를 불태우고는 오후 5시 경에 도망가고 말았다.

행주산성은 남쪽으로는 한강이 흐르고 동남쪽으로는 창릉천이 산성을 에워싸고 있어 방어하기 좋은 자연요새이다. 높이가

124m밖에 되지 않는 행주산성은 흙으로 쌓은 토성이다. '행주대첩 전투지'라는 팻말이 있는 곳이 행주산성의 성문이 있던 곳으로 가장 치열한 전투가 있었던 지역이라고 적혀 있었다. 권율 장군은 여기서 목책을 쌓아 행주산성의 약점을 보완하고, 승병을 이 부근에 배치해서 대승을 거두었다. 이 팻말이 없었으면 토성인 줄 모르고 그냥 올라갔을 것이다. 토성 표시를 따라 나무 계단을 오르니 팥배나무, 참나무, 벚나무, 살구나무 등이 길을 따라 울창하게 그늘을 만들어 따가운 햇빛을 막아주고 있었다.

 10분 정도 걷다 보니 덕양산 정상이 나왔다. 행주대첩, 권율 장군의 생애 등을 담은 영상을 볼 수 있는 충의정 맞은편에 신 행주대첩비가 우뚝 솟아 있었다. 먼저 세운 원래의 행주대첩비는 아래의 비각 안에 모셔져 있었다. 권율 장군이 죽고 난 후 장군의 휘하 장수들은 행주대첩의 과정을 자세하게 적어 두었고, 조선시대 최고의 명필가 한석봉이 이 비석에 글을 새겨 넣었는데 지금은 마모되어서 알아보기 어렵다고 한다.

 발 아래로 한강이 시원하게 펼쳐졌다. 행주산성은 도심에서 가깝고 한강을 한눈에 볼 수 있어서 수도권 시민의 대표적인 산책 코스다. 7, 8월 여름철엔 토요일마다 밤 10시까지 야간개장을 해서 한강의 야경을 보기 위해 사람들이 많이 찾는다.

행주대첩비

덕양정에 앉아 한강을 바라보며 고단한 역사의 물줄기를 거슬러 올라가 보았다. 역사 현장을 가는 것은 단지 과거를 기억하기 위해서가 아니라 과거의 치열한 삶을 통과해서 보다 나은 삶으로 가기 위해서다. 강한 자가 살아남는 게 아니라 살아남는 자가 강한 거라고 했는데 한강은 그 많은 전투를 겪고 살아남아 도도히 흘러가고 있었다. 그동안 한반도는 한강 철책에 가로막혀 남북이 오랫동안 특정한 관점에 갇혀 살아왔다. 이제는 물처럼 서로 흘러들어 변화를 만들어나갔으면 하는 바람을 강물 위로 띄워 보냈다.

덕양정에서 바라본 서울 풍경

(경의선) 따라 달리는
(기찻길) 여행

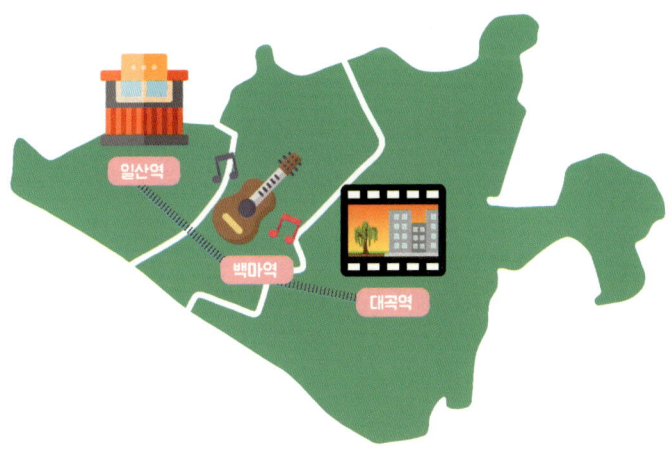

과거와 현재의 공존 일산역

경의중앙선 일산역에는 도시숲으로 향하는 신도시 사람들을 실은 열차가 부지런히 오간다. 일산신도시의 '일산'이란 이름을 빌려준 1933년에 지어진 구 일산역은 신역사 근처에 옛 모습 그대로 남아 있었다. 2009년에 신역사가 들어섰지만 구 일산역은 대한민국 근대문화유산으로 지정된 덕분에 철거되지 않고 경의선에서 유일하게 남겨져 있는 역사가 되었다.

폐허로 남아 있던 구 일산역은 2015년에 '고양 일산역 전시관 및 신세계희망장난감 도서관'으로 개관되었다. 전시관 입구에는 레일이 깔려 있었고, 벽면에는 경의선 열차가 정차하는 역들이 그려져 있었다.

오래전부터 학생, 회사원, 상인들의 주요 교통수단이었던 경의선은 분단으로 끊어졌다가 2000년 6·15남북공동선언으로 다시 주목받았다. 서울에서 신의주까지 경의선이 다시 연결되어 중국, 유럽까지 이어진다면 물류비용도 절감되고 세상을 더 크게 볼 수 있겠지만 어디 우리 마음대로 되겠는가. 국제 정세를 살피지 않고 할 수는 없는 일이라 가슴에 비둘기만 날릴 뿐이다.

전시관과 장난감도서관의 동거가 어색하다는 생각을 하면서

구 일산역

일산역 전시관 외부

일산역 전시관 내부

일산역 역사 소개 및 역무원 체험

일산역에서 사용했던 철도 관련 물품들

경의선 따라 달리는 기찻길 여행

장난감도서관 옆에 있는 문을 열고 들어갔다. 작은 공간 안에 관람객은 없고, 노란조끼를 입은 자원봉사자 할머니만 벤치에 앉아 있었다. 할머니는 열차처럼 달려왔을 숨가쁜 삶을 역에 잠시 내려놓고 있는 듯했다.

전시관 안에는 일산역에 관한 역사자료와 과거 역무원들의 유니폼, 명찰, 업무일지 등이 전시되어 있었다. 일산역은 민족저항의 거점이자 독립운동의 시작점이기도 했다. 독립운동을 위해 중국으로 향하거나 반대로 서울로 잠입하기 위한 통로였으며, 당시 수색역에는 일본군 기지가 있어서 독립운동가들은 주로 일산역에서 독립운동을 펼쳤다. 1907년 의병 수백 명이 봉기하여 일산역을 습격했고, 다음해는 일본군 한 명을 사살하고 세 명을 포로로 잡아가기도 했으며, 물자와 병력을 수송하고 있던 일본 군용열차를 공격하기도 했다.

전시관을 나오니 기찻길공원이 길게 이어져 있었다. 공원 입구에는 일산 오일장에서 벌어진 대규모 만세운동에 대한 안내판이 있었다. 1919년 3월 25일 이곳에서 160여 명이 만세운동을 벌이다가 해산했고, 이튿날 일산장날을 맞아 500여 명이 인근의 면사무소로 몰려가 독립만세를 부르기도 하고 일부는 일본 가옥에 돌을 던지기도 했다는 것이다. 이때 일본 헌병은 15명을 체포했지만 다음날에도 주민 150여 명이 늦은 시각까지 횃불을 들고 만세운동을 했다고 한다.

기찻길이 있었던 곳을 따라 걸었다. 고단한 역사가 바닥에 묻혀 있는 기찻길공원은 인근에 사는 시민들이 조용하게 사색할 수 있는 산책로였다. 벤치에 혼자 앉아 책을 읽고 있는 중년 여성의 어깨에 햇살이 반짝거렸고, 주름이 깊게 파인 노인들은 세월을 소리 없이 끌어당기고 있었다. '고양600년 어제와 오늘'이라는 방음벽 글자는 기차가 지나가면 몸을 떨었다.

이리저리 걷다 보니 출출해져서 배도 채울 겸 근처에 있는 일산시장으로 향했다. 100년 역사를 가진 일산시장은 고양시에 남은 유일한 재래시장으로 85개 점포들이 입점해 있다. 경의선이 처음 들어섰을 때 일산역 주변엔 많은 사람이 모여 살았다. 역 앞에서 매월 5일과 10일 장이 열릴 때면 천여 명이나 되는 사람들이 몰려들었다고 한다. 옛날에 주로 거래되었던 품목은 쌀, 콩, 소금, 담배, 무명 등이었다. 현재는 역 앞이 아닌 조금 떨어진 곳으로 옮겨졌고 날짜도 3일과 8일로 바뀌었다.

마침 장날이라 큰길을 따라 좌판들이 늘어서 있었다. 대형마트가 더 친숙한 요즘 시대에 도심 속에서 장터를 만나니 반가운 마음이 들었다. 노점엔 장터에서만 볼 수 있는 온갖 종류의 식

기찻길공원

공원 옆 벽화

품들이 즐비했다. 막판 떨이를 이용하면 싼 가격에 물건을 구입할 수도 있다. 신도시개발로 농촌은 밀려났지만 도시 사람들에게 시골의 향기는 늘 그리운 모양이다. 장날과 일요일이 겹쳐 진입로부터 발 디딜 틈이 없었다. 장날이면 도로가에 차를 주차해도 되고 신호등도 깜빡거리는 노란불만 켜놓는다. 차들도 사람 눈치를 보면서 지나간다.

오일장은 도시인의 닫힌 마음을 열어주고 있었다. 역사만큼이나 오랜 세월 이 길을 드나들었을 할머니들은 장터와 잘 어울렸다. 다양한 과일이 소쿠리에 담겨 무더기로 실려 나가고, 직접 키운 농산물과 집에서 만들어 온 반찬들이 드난살이 할머니들의 희망처럼 보였다.

나는 어린 시절 엄마를 따라 장에 가는 것을 좋아했는데 그때도 장에 가면 대부분이 할머니였다. 엄마가 장에서 아는 할머니들과 이야기를 나누는 것이 참 보기 좋았다. 그 할머니들은 모두 세상을 떠났을 텐데 비슷한 삶을 살아서인지 할머니들의 모습은 그때나 지금이나 비슷해 보였다. 하지만 "깎을 걸 깎아야지!" 하고 단호하게 말하는 모습은 도시 할머니다웠다.

좁은 장터 사이를 지나가는 엿장수가 보였다. 세월이 흐르면서 엿장수의 복장은 우스꽝스럽게 변해 버렸다. 엿장수가 들고

일산장터

다니는 큰 가위는 원래 철걱철걱 소리를 내서 손님을 모으기 위한 것이었다. 엿장수가 엿을 사라는 뜻으로 외치는 소리를 '엿단쇠'라고 하는데 자신이 파는 엿이 달다는 것을 알리는 말이다.

> "우리 딸이 만들어준/울릉도라 호박엿/둥기둥기 찹쌀엿/떡벌어졌구나 나발엿/허리가 잘쑥 장구엿/올곳볼곳 대추엿/네모야 반듯 수침엿/어어 떡벌어졌다 나발엿/이것저것 떨어진 것/운동화 백켤레 밑 떨어진 것도 좋고/신랑 각시 첫날 밤에/오줌 누다가 요강 빵꾸난 것도 쓴다/에헤 좋구 좋다……"
>
> -「엿단쇠소리」 중에서

어릴 때 골목길에서 가위를 부딪히며 노래를 부르던 엿장수가 생각났다. 엿장수의 가위 소리가 들리면 아이들은 엿을 먹으려고 부모 몰래 집에 있는 것을 가지고 나왔다. 엿장수는 가위로 엿판을 내리쳐 엿을 깨서 주었는데 양은 엿장수 마음대로였다. "엿장수 마음대로"라는 속담이 여기서 생겨났다. 어릴 때 엿은 단순히 먹거리가 아니었다. 엿을 두 동강 내서 그 안에 구멍이 많으면 이기는 엿치기는 참 재미있는 놀이였다. 엿장수는 떠

장터에서 만난 엿장수

일산시장 입구

돌이가 많았는데 일제 때 독립투사들이 일본경찰의 눈을 피하기 위해 엿장수로 위장하기도 했다고 한다.

 일산장은 한때 파주, 고양의 중심 상권으로 우시장까지 들어설 정도로 규모가 컸다. 그래서인지 일산시장에는 순댓국과 족발집이 많다. 일산시장 안에 있는 한 순댓국 가게는 점심때면 줄을 서야 할 정도로 인기가 식지 않았다.

 시장은 단순히 물건만 거래하는 곳이 아니다. 물건은 온라인이나 마트에서 얼마든지 살 수 있지만 신도시에 사는 사람들은 어쩌면 사람이 그리워서 시장에 나오는지도 모른다. 시장만큼 다양한 사람들을 만날 수 있는 곳은 없다. 일산시장은 일산신도시가 남겨 놓은 마지막 그리움 아닐까.

전설이 남긴 흔적 백마역

경의중앙선 백마역이 내려다보이는 아파트에서 2년간 산 적이 있다. 백마역사에 들어서기 전 왼편으로 난 길을 따라가다 보면 옛 철길이 조금 남아 있다. 아파트 공기가 갑갑할 때면 나는 이곳에 와서 괜스레 철길을 걷곤 했다.

80년대 말 신도시가 개발되기 전까지 많은 젊은이들이 신촌역에서 경의선 기차를 타고 수색역, 능곡역을 지나 이곳 백마역에 내렸다. 철길을 건너면 카페촌이 있었기 때문이다.

홍익대학교 미대 출신인 김원갑 씨가 신촌에 있던 화실을 이곳으로 옮겨오면서부터 문화가 싹 틔었다. 그는 '화사랑'이라는 이름으로 카페를 시작했고 강산에, 김C 등의 가수들이 무명 시절 이곳에서 노래를 불렀다. 청바지와 통기타로 대표되던 포크문화가 꽃피던 이곳은 당시 젊은이들의 해방구였다. 시와 음악, 그림이 술과 한데 어우러졌고 군사독재시절 자유에 목말라했던 젊은이들은 이곳에서 목을 축였다. 화사랑은 그렇게 백마의 전설이 되었다.

백마역에서 탄현역으로 이어지는 산책길을 따라 걸었다. 백마역에서 15분 정도 걸어가면 애니골에 닿는다. 일산신도시가 개

애니골 입구

발되면서 화사랑을 비롯한 백마역 인근에 있던 전통 카페들이 풍동으로 이동해서 애니골이라는 이름의 새로운 카페촌이 형성되었다. 애니골이라는 이름은 풍동의 옛 지명인 애현마을에서 유래되었는데 처음에는 애현골이라고 부르다가, 연인들이 많이 오는 곳이라고 해서 애인골이라고 부르고, 다시 애니골로 부르게 되었다.

세월의 바람은 이길 수 없다 했던가. 한때 주말이면 빈자리가 없을 정도로 붐볐던 애니골의 대표적인 라이브 카페는 현재 모두 문을 닫았다. 화사랑도 애니골에서 영업을 이어가다가 결국 폐업하고 말았다. 7, 80년대 가수들이 공연을 했던 다른 카페들도 하나씩 없어져서 애니골의 낭만은 이제 추억 속에서만 만날 수 있게 되었다.

애니골 입구에서 화사랑과 함께 있었던 '숲속의 섬' 카페를 찾았지만 집안사정으로 당분간 정상영업이 어렵게 되었다는 문구가 적힌 종이만 가을바람에 떨고 있었다.

자연을 품었던 카페는 아파트에 자리를 내주고 비둘기호는 전철로 바뀌었다. 그때의 청춘들도 나이가 들었지만 그들의 머릿속에는 아직 그 시절의 흥이 남아 있을 것이다.

애니골을 벗어나 내친 김에 식사동(食寺洞)의 어원이 된 어침사

식사동 덤핑거리

덤핑가게 내부

지를 찾아 견달산까지 가보기로 했다. 경의선 철길을 지나면 대중교통이 불편해진다. 자가용으로는 15분 정도밖에 걸리지 않는 곳이지만 버스를 갈아타야 했다. 견달산과 가까운 식사동 덤핑거리에 내렸다. 식사동 덤핑거리는 부도, 폐업, 과잉생산 등으로 인해 처리하지 못한 재고품이나 구제 옷을 파격적인 가격으로 파는 곳이다.

덤핑거리를 지나 "나는 왕이 되기 싫다"고 수없이 외쳤지만 왕이 되어야만 했던 고려의 마지막 왕 공양왕의 흔적이 있는 견달산으로 향했다. 공양왕은 나라가 사라지는 것을 온몸으로 지켜본 왕이었다.

곧 야트막한 견달산이 보였다. 날은 저물었고 공양왕은 헉헉거리며 이 산기슭을 따라 올라가다가 한 가닥 불빛을 보았다. 어침사에서 나온 빛이었는데 스님은 공양왕을 다락골에 숨게 하고 절에서 음식을 날라다 주었다. 그러던 어느 날 공양왕이 사라졌고 스님은 공양왕의 친족들에게 그 사실을 알렸다. 친족들은 공양왕의 행방을 쫓아 다락골 일대를 뒤졌지만 흔적을 찾을 수가 없었다.

하지만 역사는 다르게 기록하고 있다. 공양왕은 이성계에게 왕위를 물려주고 강원도 원주로 추방되었다가 다시 간성으로 옮겨

견달산 어침사지 근처에서 만난 양봉업자

졌고, 조선이 개국되고 1년 후 삼척으로 유배된 후 두 아들과 함께 교살되었으며, 22년 후 고향인 개성과 인접한 고양 땅 왕릉골에 묻혔다는 것이다. 그래서 공양왕릉은 삼척과 고양 두 곳에 있다. 그 뒤 공식적으로 인정한 곳이 이곳 고양의 공양왕릉이다. 공손히 왕위를 양보하라는 불명예스런 이름을 가진 공양왕의 운명은 새 왕조의 손바닥 안에 있었던 것이다. 역사는 승자가 쓰는 것이라는 말이 새삼 되새겨졌다. 조선 왕조가 허수아비 같은 공양왕의 역사를 제대로 기록했을까 하는 의문이 들었다.

견달산 입구에 들어서니 개 한 마리가 짖어댔다. 사납게 짖어대자 주인이 다가와서 개를 잡고 어디를 찾느냐고 물었다. 자취도 없는 절터를 개 주인이 알 리가 없을 거라 생각했지만 주변에 방사닭들도 뛰어다니고 벌떼들이 윙윙거려서 도움을 받아야 할 상황이었다. 주인은 절터는 모르고 견달산으로 들어가려면 벌떼를 통과해야 한다고 말했다. 당시 공양왕의 처지처럼 산속으로 들어가는 것부터 만만치 않았다. 따가운 햇살과 긴장에 땀이 옷을 흠뻑 적셨다.

주인을 따라 벌떼 속을 뚫고 지나갔다. 나는 벌들에게 내가 온 것은 공양왕의 마음을 알기 위해서이고 너희들을 해칠 마음이 없다며 텔레파시를 보냈다. 무사히 벌떼를 벗어나자 이번엔 시커

먼 모기들이 귓가에 앵앵거리더니 옷 속을 파고들었다. 모기에게 물린 곳이 부어오르고 온몸이 따가웠다. 허기에 지쳐 산속을 헤맸던 공양왕의 당시 심정이 느껴졌다.

산속에 왕족 후손들의 무덤이 있었는데 양봉 주인은 주변 무덤들이 모두 이씨 집안의 무덤들이라고 했다. 어침사지가 어디쯤일까 모기를 쫓아내며 찾았지만 알 수가 없었다. 식사동 261번지 일대라는 자료에 의지해 휴대폰에 주소를 입력해서 찾았는데 그 근처엔 잘려나간 오래된 무덤만 있었다. 비석도 없어 누구의 묘인지 알 수가 없었다. 순간 이곳이 진짜 공양왕이 묻힌 곳이 아닐까 하는 생각이 들었다.

모기들이 달려드는 바람에 공양왕처럼 쫓기듯 산에서 내려와 식사동 덤핑거리에서 다시 버스를 탔다. 공양왕릉 근처까지 바로 가는 버스가 없어서 마을버스 097번을 타고 어울림누리에서 내려 7728번으로 갈아타야 했다. 버스에서 나오는 에어컨 바람을 맞으며 다시 마음을 가다듬었다.

왕릉골에 내려서 20분 정도 걸어가야 공양왕릉이 나온다. 왕릉골이라는 지명도 공양왕릉으로 인해 생겼다. 고양은 일산신도시를 벗어나면 농촌 풍경이 펼쳐진다. 마을에는 태풍이 지나간 흔적이 역력하게 남아 있었다. 벼도 쓰러져 있고, 밤송이들도

공양왕릉 가는 길

공양왕릉

공양왕릉 앞에 세워진 삽살개 석상

후두둑 떨어져 나뒹굴고 있었다.

 공양왕도 죽어서야 편하게 몸을 뉘었다. 덕양구 원당동 왕릉골에 묻혀 있는 공양왕의 왕릉을 찾는 이는 별로 없는 듯 한적했다. 한 가족이 승용차로 왔다가 잠깐 눈도장만 찍고 갔다.

 왕릉 입구 표지판에는 삽살개의 이야기를 전하고 있었다. 공양왕이 키우던 삽살개는 공양왕이 나라를 잃고 고려의 도읍지 개성을 떠나 고양 땅으로 건너오면서 위험이 닥칠 때마다 그의 목숨을 구해주었다. 결국 삽살개는 연못에 빠진 왕과 왕비의 시신을 건져내고 물에 빠져 죽었다. 역사 기록이 아닌 전설을 적어놓은 것은 공양왕의 애절한 심정을 위로하고 싶어서일까.

 공양왕과 순비 노씨의 쌍릉 앞에는 삽살개 석상이 세워져 있었고, 조선시대에 만들어졌지만 장명등과 좌우에 문인석이 있는 고려식 무덤으로 조성되었다. 조선의 왕릉에 비하면 소박했다. 태풍에 쓰러진 오래된 소나무와 여기저기 흩어져 있는 솔방울들이 공양왕의 눈물처럼 보였다.

 드문드문 부처꽃이 피어 있었다. 일부러 심은 것은 아닐 터인데 왜 하필 부처꽃이 피어났을까. 슬픔만 남긴 전설을 안고 공양왕릉을 한 바퀴 돌아 나왔다.

공양왕릉 안에 핀 부처꽃

신도시의 그림자 대곡역

 군대에서 막 제대한 막동은 기차를 타고 지하철 3호선 대곡역에 내렸다. 집으로 가야 하는데 3, 4번 출구의 갈림길에 서서 어디로 가야 할지 몰랐다. 전철역을 빠져나온 막동은 신도시와 반대쪽으로 걸어갔다. 막동이가 살던 동네는 없어졌고, 논과 밭이 있던 자리에는 회색빛 아파트가 빽빽이 들어서 있었다. 가족도 이미 뿔뿔이 흩어진 상태였다.

 "형, 여긴 옛날 우리 땅 아냐? 옛날엔 여기가 아카시아 천지였는데……."

 막동은 트럭 노점상을 하는 셋째형을 만나 새로 지어진 아파트를 돌며 이렇게 말했다.

 막동의 집에서 일산신도시 아파트가 보였다. 꿈같은 아파트와는 대조적으로 허물어지기 직전의 낡은 집 앞에는 머리를 풀어헤친 늙은 버드나무가 있었다. 이 버드나무는 오래된 것들을 밀어내고 들어선 신도시의 물질적 욕망을 지켜봐왔다.

 막동은 흩어진 가족과 함께 사는 것이 꿈이다. 그는 전역 후 집으로 가는 기차에서 나이트클럽 여가수 미애를 우연히 만났다. 장애인인 첫째형, 알코올중독자인 둘째형, 야채 장사를 하는 셋

갈림길에 선 막동

막동의 집
(출처: 영화 〈초록물고기〉 스틸컷)

째형, 다방 레지로 일하는 여동생을 보면서 막동은 미애가 빠져 나오고 싶어 하는 조직폭력단에 들어갔다. 신도시 속에 버려진 그의 집처럼 급속도로 바뀌는 사회 속 가난한 청년의 선택이었다. 영화 〈초록물고기〉에 나오는 이야기다.

서울 외곽의 변두리였던 일산은 아파트와 유흥가가 즐비한 신도시로 빠르게 변모했다. 일산신도시라는 공간 안에는 1980년대 이후 뒤도 돌아보지 않고 내달려온 우리 사회의 모습이 들어 있다. 이창동 감독은 영화 〈초록물고기〉를 통해 어느 날 갑자기 솟아난 신도시 아파트단지로 인해 쫓겨난 사람들이 어디로 갔고 무엇을 하고 있는지 보여 주고 있다.

80년대 말 서울의 아파트 가격은 거의 배로 올랐다. 당시 정부는 부동산 시장을 안정시키기 위해 '분당, 일산신도시 건설계획'을 발표했다. 일산신도시 건설로 인해 그곳에서 농사짓던 원주민들은 평당 8만9천원의 농지 보상가를 받았다. 하지만 그들이 신도시 아파트에 입주하려면 평당 600만 원을 내야 했기 때문에 현실적으로 재입주는 불가능했다. 원주민들은 신도시 건설을 위해 고향집을 내놓고 인근의 화정, 능곡에 정착했다. 그러한 원주민의 현실이 영화 속 막동의 가족에게 잘 투영되어 있다.

원주민들의 반대가 심했지만 신도시 건설은 숨가쁘게 진행되었다. 1989년 신도시 계획이 발표된 후로 3년 뒤인 1992년 일산 신도시가 탄생했다. 그리고 인구 20만 명 남짓한 전형적인 농촌 마을이었던 고양군은 같은 해 시로 승격되었고 현재 인구 100만을 넘어서는 도시가 되었다.

다시 영화 이야기로 돌아와서 조직폭력단에 들어간 막동은 결국 죽고 마는데 그를 죽인 보스의 꿈은 재개발 지구에 새 건물을 세우는 것이었다. 버드나무는 알고 있었다. 누군가를 쓰러뜨리고 나서야 꿈은 이루어진다는 것을…….

7, 80년대 우리 사회는 경제개발 정책으로 산업화와 도시화를 온몸으로 겪어야 했다. 국가의 개입은 개인의 자유를 뺏어갔다. 그 시대를 살았던 사람들은 사회 시스템에 기계적으로 반응하면서 물질이 행복을 가져올 것이라는 믿음을 가지게 되었다. 돈만 있으면 무엇이든 할 수 있다는 생각은 자신을 생산을 위한 도구로 인식하게 만들었다. 그러다보니 인간성은 소외되고 타인의 자유를 침해하는 것도 아무렇지 않게 생각하게 되었다. 사회 현상의 근본적인 문제를 진단할 틈도 없이 달려온 우리는 전 세계에서 인구가 5천만 명이 넘고 1인당 소득이 3만 달러 이상인 7개 국가의 일원이 되었다. 그러다가 이제는 몇 년째 성장률 2%대로 주저앉아 있다. 너무 빨리 경제대국이 된 결과다.

대곡역

최근 조용하던 일산이 시끄러워지기 시작했다. 정부가 서울과 가까운 창릉에 3기 신도시 건설계획을 발표한 것이다. 일산신도시에 집을 사둔 사람들은 "서울 집값은 서울에서 잡아라.", "불은 서울에 났는데 왜 비오는 일산에다가 소방차 집결시켜서 물을 뿌리나?" 등 항의를 이어갔고, 거리 곳곳에는 플래카드가 나붙었다.

동북아시아의 교통허브도시로 주목하고 있는 대곡역에 내리니 농촌 풍경이 펼쳐졌다. 노을이 퍼지기 시작하자 빽빽한 아파트에서 고독이 빠져나오고 있었다.

영화 속 막동은 이곳에서 내려 어디로 갔을까 생각하다가 느낌을 따라 가보기로 했다. 대곡역에서 나와 마을을 향해 걸었다. 교외선 철로 옆 텃밭에는 고추가 가을햇살에 익어가고 있었다. 저 멀리 화정동(花井洞) 아파트가 보였다. 꽃우물이라는 뜻을 지닌 화정의 높은 아파트들이 장난감 블록 같았다. 서울과 접근성이 좋아서인지 문화, 여가 공간도 서울 부럽지 않게 갖추고 있는 동네다. 화정의 아파트들은 별빛마을, 옥빛마을, 달빛마을, 은빛마을 등의 이름을 갖고 있다. 개그맨 유세윤이 중2 때 고양시 화정마을 이름 공모에 당첨되어 "세상의 아름다운 빛이 골고루 비쳐 희망이 솟는다"는 취지로 붙인 이름이라고 한다. 신도시의 다른 아

대곡역 출구

경의선 철길 너머 보이는 화정동 아파트

파트에도 밤가시마을, 호수마을, 강촌마을, 백송마을, 흰돌마을 같은 이름이 붙어 있다. 도시의 삭막함을 덜기 위해 정겨운 이름을 붙인 것 같았다.

  영화 속 버드나무를 떠올리며 가을이 내려앉은 교외선 철로를 걸었다. 오래된 침목 옆에는 풀들만 무성했다. 기차는 멈춰 버렸지만 자연은 끊임없이 생명을 이어가고 있었다.

철길 건널목

(마을) 에 꽃피는
(예술) 여행

시가 흐르는 송강마을

850번을 타고 신원동 송강마을에서 내렸다. 버스정류장 이름은 송강마을이라고 표기되어 있는데 지도를 검색할 때는 다른 지역이 뜨기 때문에 송강문학관으로 검색해야 한다. 마을 입구엔 음식점만 눈에 들어올 뿐 사람들은 보이지 않았다.

송강 정철의 부모는 이 마을에서 살다가 이곳 산기슭에 묻혔다. 송강은 35세에 부친상으로 2년간, 모친상으로 다시 2년간 시묘살이를 했다. 또 42세 때 누이가 세상을 떠나자 3년간 머물렀다. 그래서 이곳에는 송강고개, 송강낚시터, 송강보 등 그의 호를 딴 지명들이 곳곳에 남아 있다.

강화에서 생을 마감한 후에도 송강은 이곳으로 돌아와 63년간 묻혀 있다가 1665년에 우암 송시열이 묘자리를 잡아주어 충북 진천 땅으로 이장했다. 현재 이곳에는 기생 강아의 묘와 부모님 묘, 장자 묘, 장손 묘, 셋째형님과 딸의 묘 4기가 남아 있다.

> 어버이 살아실 때 섬길 일은 다하여라
> 돌아가신 후에 애통한들 무엇하리
> 평생에 다시 못한 일은 이뿐인가 하노라.

송강문학관

송강문학관 옆에 세워진 색 바랜 간판에는 「훈민가」가 적혀 있었다. 송강문학관은 1998년 이은만 송강시비건립위원장이 사비를 털어 건립했으나 운영난을 견디지 못하고 건물만 남았다. 하지만 송강의 가사문학을 되새겨보는 송강정철문화축제는 해마다 열려 올해 17회째를 맞았다.

송강문학관 뒤쪽에 평생 송강을 사랑한 기생 강아의 묘가 있다고 해서 찾아가는데 꺾어드는 길에서 큰 고양이 한 마리가 놀란 눈빛으로 쳐다보았다. 나도 놀라서 흠칫 했는데 고양이가 먼저 몸을 돌려 앞질러 갔다. 순간 고양이가 가는 곳에 강아의 무덤이 있을 거라는 생각이 들었다. 고양이를 따라가니 정말로 왼편 언덕에 자그마한 무덤이 보였다. 고양이가 무덤 위에 올라앉아 있었다. 기묘한 느낌이 들었다.

'의기강아묘'라고 쓰인 비석이 무덤 앞에 세워져 있었다. 비석의 뒷면에는 월탄 박종화의 역사소설 『자고 가는 저 구름아』에 나오는 송강과 강아의 이야기가 적혀 있었다. 강아는 송강이 떠나자 남쪽으로 향하다가 의병장 이량의 권유로 나라를 구하려고 적장을 유혹해서 첩보를 제공한 덕에 조선과 명나라 연합군이 평양성을 탈환하는 데 성공했다. 하지만 정조를 잃어 송강을 볼 낯이 없어졌다고 생각한 강아는 비구니가 되었다. 다음해 송

강아의 묘

강이 사망하자 송강이 묻힌 고양 땅으로 와서 송강의 산소를 한평생 돌보다가 이곳에 묻혔다는 내용이었다.

송강은 임진왜란이 일어나기 10년 전 전라도 관찰사로 재임할 때 기생이었던 강아를 사랑했다. 그때 강아의 이름은 진옥이었는데 후대 사람들이 송강의 '강'을 넣어 강아라고 불렀다. 송강은 십대의 강아와 하룻밤을 같이 했으나 육체관계는 가지지 않았다. 송강은 그 뒤로 어리지만 영민한 강아를 마음으로 사랑하며 자신이 지은 가사를 들려주고 문학을 가르쳐주었다.

> 봄빛 가득한 동산에 자미화 곱게 피어
> 그 예쁜 얼굴은 옥비녀보다 곱구나
> 망루에 올라 장안을 바라보지 말라
> 거리의 사람들 모두 다 네 모습
> 사랑하여 다투리.

아쉽게도 송강의 전라감사 생활은 길지 않았다. 『송강집』에 실려 있는 이 시는 송강이 강아와 헤어지며 남긴 시다. 자미는 백일홍을 가리키는 말이다.

강아는 어렸지만 송강이 큰사람으로 느껴져 그가 떠난 후에도

10여 년 동안이나 잊지 못했다. 그 후 강아는 송강이 평안도 강계로 귀양 갔다는 소식을 듣고 그를 만나기 위해 험한 길을 나섰다. 강계에 도착한 강아는 초라한 초막에서 유배생활을 하고 있는 송강을 만나 시를 읊고 가야금을 연주하며 서로를 의지했다. 그러던 중 임진왜란이 일어났고, 선조는 송강을 다시 불렀다. 유배생활을 청산하고 임지로 떠나는 송강을 바라보며 강아는 다음과 같은 시를 지었다.

> 오늘밤도 이별하는 사람 하 많겠지요
> 슬프다 밝은 달빛만 물 위에 지네
> 애달프다 이 밤을 그대는 어디서 자오
> 나그네 창가엔 외로운 기러기 울음뿐이네.

강계에서 보낸 두 사람의 일화는 시조집 『권화악부』에 기록으로 남아 있다. 송강이 선조 임금을 생각하며 쓴 「사미인곡」이 어쩌면 강아의 심정일지도 모른다는 생각이 들었다.

> 차라리 죽어서 범나비 되오리라
> 꽃나무 가지마다 간 데 족족 앉았다가

공릉천

향 묻은 날개로 임의 옷에 옮으리라

님이야 나인 줄 모르셔도

내 님 좇으려 하노라.

  무덤이 약간 언덕에 있어서 아랫마을이 내려다보였다. 옛님은 떠나버렸고 외줄기 사랑만 남아 있었다. 쓸쓸한 여인을 찾는 것은 고양이뿐이었다.

  하지만 예나 지금이나 이루지 못한 사랑을 보면 애가 타는 모양인지, 아니면 송강과 강아가 이승에서 다시 만나기를 바라는 마음이 전해졌는지는 몰라도 400년이 지나서 이들의 사랑이야기가 공릉천을 따라 흐르기 시작했다. 북한산에서 시작해 고양과 파주를 거쳐 한강으로 흐르는 공릉천은 송강이 시묘살이를 할 때 낚시를 즐긴 곳이기도 하다. 공릉천 2.4km 구간이 송강공릉천공원이라는 이름의 생태문화 공간으로 재탄생하면서 송강과 강아의 이야기가 있는 산책로가 조성되었다. 나는 두 사람의 이야기가 흐르고 있는 산책로를 걸어 보기로 했다.

  산책로는 만남, 사랑, 약속이라는 테마로 조성되어 있었다. 송강 이야기의 순서대로 걷기 위해 공릉천 상산보로 거슬러 올라갔다. 드문드문 이정표처럼 세워놓은 표지판에 테마에 대한 설

명이 짧게 적혀 있었다. 두 사람의 이야기를 알 수 있는 조형물도 함께 있었다면 하는 아쉬움이 남았다.

상산보에서 환생한 송강이 강아를 다시 만나는 '만남의 길'을 걸었다. 송강을 사무치게 그리워하던 강아는 환생한 송강을 만나 기뻐한다. 이 길에 있는 물고기와 철새도 송강과 강아의 만남을 반기지 않을까.

둘은 자연과 문학을 노래하며 '사랑의 길'을 따라 걷는다. 이 길에는 '강아마당'이 있다고 표지판에 적혀 있었지만 따로 표시가 없어 어딘지 알 수 없었다. 아마 벽제교 아래에 있는 징검다리가 아닐까 싶었다. 징검다리를 다정하게 건너는 송강과 강아를 상상하며 나도 징검다리를 건너보았다. 하천 폭을 넓혀 놓아서 물도 막힘없이 흐르고 있었다. 나이 차이가 많고 신분도 달랐지만 정신적 교감을 나누었던 두 사람은 육체를 벗어버리고 이곳에서 자유롭게 만나 달빛이 물에 들어와 앉을 때까지 거닐었는지도 모른다.

한 무리의 사람들이 자전거를 타고 지나갔다. 산책로를 따라 걷는 사람들도 간혹 보였다. 신원동 삼송동일스위트1차아파트 뒤편에 송강 이야기공원이 있다고 해서 산책로를 살짝 벗어나 벽제교 아래에 놓여 있는 나무데크를 따라 걸어 올라갔다.

송강 이야기공원 내 송강 석상

강아 석상

아파트 뒤쪽 산책길에는 송강의 「사미인곡」과 「훈민가」를 새긴 돌들이 곳곳에 세워져 있었다. 송강과 강아의 모습을 새긴 석상과 정자도 보였다. 멀찍이서 송강을 그리워하는 강아의 마음이 느껴졌다. 낙엽이 떨어진 땅에 누워 있는 시비는 아파트 후문 쪽으로 내려가는 산책길 곳곳에 보였다. 송강의 문학과 삶을 고스란히 느낄 수 있는 산책로를 따라 걸으면 사람들의 마음에 서정의 꽃이 필 것 같았다.

산책길을 돌아 다시 공릉천으로 내려왔다. 계속해서 이어진 '약속의 길'을 따라 걸어가니 '약속마당'으로 이름붙인 송강 시비공원이 보였다. 나도 마치 약속을 한 듯 송강마을로 다시 돌아온 것이다. 공원은 전통정자와 약속의 벽, 시비 등이 세워져 있고, 지역주민의 휴식을 위한 공원으로 꾸며져 있었다. 이은만 송강시비건립위원장의 송강에 대한 애정은 이곳에서 다시 살아났다. 애초 해당 부지에는 수변공원이 조성될 예정이었지만 그의 노력과 시민들의 시비 기증으로 공원이 세워진 것이다. 신원동의 옛이름 새원이 들어간 송강의 시가 적혀 있는 시비가 눈에 띄었다.

세종대왕이 한글을 창제하고 100년이 흐르는 동안에도 기득권 세력들은 여전히 한자를 선호했다. 심지어 연산군은 "언문을

송강 시비공원

가르치지도 배우지도 말라"며 한글 금지령을 내렸다. 하지만 송강의 작품으로 한글에 대한 인식이 크게 바뀌었다. 송강은 당대에는 보기 드물게 한문학과 한글문학에 모두 능통했던 문인이었다. 「사미인곡」과 「속미인곡」 등 한글로 쓰인 가사작품은 우리 문학의 수준을 한 단계 끌어올렸다는 평가를 받고 있다.

하지만 선조 때 정여립 모반 사건으로 발생한 기축옥사에서 천여 명을 사지로 내몬 잔혹한 정치인이라는 이력도 늘 그의 뒤에 따라다닌다. 게다가 술을 좋아해서 구설수에 오른 적도 한두 번이 아니었다. 송강에 대한 평가는 당대의 정치 현실처럼 극과 극이다. 서인들은 긍정적인 평가를 내렸지만 동인들은 아주 부정적인 평가를 내렸다.

한 임금을 너무 섬겨서일까. 임금에게 바친 절절한 마음은 오히려 파쟁과 유배로 그의 삶을 굴곡지게 만들었다. 송강은 벼슬을 그만두고 임진왜란이 일어난 다음해 58세의 나이로 강화에서 은거한 지 한 달 만에 홀로 쓸쓸히 죽어갔다.

> 외로운 섬 나그네 신세 해조차 저무는데
> 남녘에선 아직도 왜적 물리치지 못했다네
> 천리 밖 서신은 어느 날에나 오려는지

오경 등잔불은 누굴 위해 밝은 건가
사귄 정은 물과 같아 머물러 있기 어렵고
시름은 실오리 같아 어지러이 더욱 얽히네
원님이 보내온 진일주에 힘입어
눈 쌓인 궁촌에서 화로 끼고 마신다오.

송강 곁에 강아가 있었으면 힘이 되었을까. 임금을 향한 송강 정철의 마음에는 분명 강아에 대한 그리움도 있었을 것이다.

이야기를 수놓은 화전동 벽화마을

 고양은 꽃과 관련된 지명이 유난히 많다. 화전동도 그중 한 곳이다. 이곳은 250여 년 전 한성과 서북부를 이어주는 교통의 요지였다. 관리들이 많이 지나다니다 보니 꽃을 많이 심어서 지명도 꽃밭[花田]이 되었다. 화전동은 항공대학교, 군사보호시설이 있어서 규제와 개발 제한으로 70년대 주택이 아직도 남아 있다.

 버스를 타고 화전동행정복지센터에 내리니 화전동 벽화마을 안내지도가 건널목 앞에 세워져 있었다. 화전동 벽화마을을 돌다보면 2011년부터 2017년까지 진행되어 온 벽화마을의 변화된 모습을 모두 볼 수 있을 것 같았다. 총 길이가 4.27km로 조금씩 거리를 두고 벽화가 그려져 있기 때문에 휴대폰으로 안내지도를 찍어두었다.

 현재 전국에는 100개가 넘는 벽화마을이 있다. 벽화마을은 낙후된 담장에 그림을 그려 넣어 달동네의 삭막함을 메우고 활력을 불어넣는다는 취지로 시작되었지만 관광객들로 몸살을 앓은 원주민들이 마을을 떠나는 곳도 생겨났다. 그림을 구경하는 사람들에게는 재미있는 추억이 되겠지만 마을 주민들은 많이 불편했을 것이다.

화전동 벽화마을 안내지도

고양시 덕양구 화전동 마을재생사업은 담장에 그림을 그리고 벽화를 관리하는 것을 주민 스스로 하고 있다고 한다. 꽃의 도시 고양시답게 벽화마을의 길 이름도 꽃향기를 담고 있었다. 벽화향기 꽃길, 벽화향기 동화길, 벽화향기 힐링길, 벽화향기 무지개길, 벽화향기 달맞이길 외에 고양 600년을 기념하기 위한 대형기념벽화 및 고양 600년 이야기길도 있었다.

도로를 건너가니 벽화향기 동화길 이정표가 바닥에 보였다. 벽화향기 힐링길은 다른 방향으로 가야 했다. 동화길 안내판을 따라 걸었는데 부대가 보였고 그 옆에 고층아파트가 버티고 있었다. 휴대폰으로 검색을 해보았지만 벽화마을의 위치를 찾기가 어려웠다. 아파트 입구에서 초등학생으로 보이는 남자아이가 자전거를 타고 있길래 벽화마을이 어디 있는지 물어보았다. 아이는 잘 모르지만 동네 할아버지에게 물어보고 오겠다고 하며 자전거를 타고 사라졌다.

그동안 나는 아파트 뒤쪽에 길이 있을까 싶어 가보았는데 막다른 골목이어서 다시 돌아나왔다. 아이는 그새 동네 할아버지에게 물어보고 왔다면서 자기를 따라오라고 했다. 아이는 골목 입구에서 손가락으로 길을 가리켰다. 아이의 손끝에 마을이 보였다. 올 때 유심히 보지 않고 지나쳤던 것이다.

아이에게 고맙다고 말한 뒤 동네를 걸었다. 동네 입구 쪽에는 신축빌라도 보였지만 안쪽으로 들어가니 70년대의 풍경이 펼쳐졌다. 동네는 조용했다. 관광객도 없었다. 할머니 한 명이 어디론가 가고 있었다. 이곳에선 문만 열고 나오면 소통이 이루어질 것 같았다. 내가 어렸을 때 동네 사람들은 서로 말하지 않아도 어느 집에 무슨 일이 일어나는지 다 알았다. 제사를 지낸 다음날 큰 바구니에 제사음식을 들고 옆집, 앞집, 아는 집에 음식을 갖다 주러 다니던 기억이 났다.

오래된 집들이 이어지고 조금 더 걸어가니 동화길 지도가 담벼락에 붙어 있었다. 동화길에는 고양시 600년 역사 속 전래동화 9편의 주요 장면을 숨은그림찾기 벽화로 그려놓았다. 벽화 안내문 아래에 숨은그림찾기 문제와 QR코드가 있어서 스마트폰으로 찍으면 정답을 알 수 있다. 관객참여형의 재미있는 벽화였다.

한적한 마을을 걸어 다니며 벽화에 새겨진 이야기를 읽고 그림을 보면서 상상에 빠져보기도 했다. '공양왕의 점박이 삽살개' 이야기가 눈에 띄었다. 원당의 공양왕릉에 갔을 때 무덤 앞쪽에 있던 삽살개 석상이 생각나서 왠지 반가웠다.

'고양의 잔다르크 밥할머니' 이야기도 있었다. 밥할머니라고 불리는 49세의 오 여사는 어려운 일을 해결하는 지혜가 있었다.

모내기 작법을 활용한 농사기술을 보급해 수확량을 높여 주었고, 곡식을 이자 없이 빌려주는가 하면 일부는 전란을 예견해 비축해 놓기도 했다. 임진왜란이 일어났을 때 오 여사는 북한산 노적봉 옆에 볏짚을 쌓게 하고 왜군이 오자 노적봉에 조선 병사의 군량미 저장고가 있다고 속였다. 또한 왜군에게 석회를 뿌린 물을 마시게 하여 퇴각시키기도 했다.

우리나라 최초의 여성 의병대장으로 활동한 오 여사는 마을의 여인들을 모아 전투마다 병사들에게 끼니를 제공하고 부상자 치료를 도왔으며 봉화를 올렸다. 권율 장군이 행주산성에서 왜군과 맞서 치열한 싸움을 하고 있을 때 오 여사는 행주성 사수를 위해 전투에 참가해서 돌 나르는 일을 맡았다. 임진왜란이 끝난 후 선조는 노적봉이 잘 보이는 창릉 모퉁이에 그녀를 기리는 석상을 세웠다.

전래동화를 읽고 만화 같은 그림을 보니 더 재미있었다. 숨은 그림찾기에 나온 물건들을 찾아보았지만 잘 보이지 않았다. 어릴 때는 잘 찾았는데 세월이 집중력을 가져가 버린 것 같았다.

옆 담벼락에는 춘향전의 뿌리가 되는 '한강의 딸 한구슬' 이야기가 그려져 있었다. 삼국시대 당시 백제 땅 고양에는 한구슬이라는 미녀가 살고 있었는데 백제를 정탐하기 위해 잠입한 고구

공양왕의 점박이 삽살개 이야기 벽화

고양의 잔다르크 밥할머니 이야기 벽화

려의 태자와 사랑에 빠졌다. 모든 여인이 머리에 꽃을 꽂고 노는 화수회(花首會) 날 고구려로 돌아간 태자를 그리워하며 화심가(化心歌)를 부르는 것을 보고 백제의 태수가 청혼을 했지만 한구슬은 이미 장래를 약속한 사람이 있다며 거절했다. 고구려 왕이 된 태자는 위기에 빠져 있는 한구슬을 구출하여 결국 사랑을 이루게 되었다. 이 설화에도 나오는 것처럼 삼국시대부터 고양은 꽃으로 유명했던 것 같다.

벽화는 담벼락에 띄엄띄엄 그려져 있어서 길을 따라 숨은 그림 찾기를 하는 것 같았다. 벽화 옆 열린 창문 틈으로 사람이 보여서 다가가는 것이 조심스러웠다. 벽화마을이 사생활을 침해한다는 말이 나올 법했다. 그러던 중 집 주인이 불쑥 문을 열고 나와서 놀랐는데 활짝 웃어주는 모습에서 여유가 느껴졌다.

고양에는 오랜 역사만큼이나 전해 내려오는 이야기가 많다. 탄현동에 내려오는 전설인 '숯고개와 태조 이성계' 이야기, 마을에 장사 같은 아기가 태어나 일본을 물리치고 마을 사람들을 구했다는 '베라산 마을의 아기장사' 이야기, 덕양구 효자동의 유래가 된 '효자 박태성과 인왕산 호랑이의 40년 우정' 이야기도 있다.

동화길을 돌아나와서 이번엔 벽화향기 꽃길을 가기 위해 화전역 방향으로 걸었다. 도보로 20분 정도 떨어져 있는 거리였지만 가을 햇살이 포근해서 물을 마셔가며 천천히 걸었다.

고양 600주년 기념벽화를 지나서 벽화향기 꽃길로 들어섰다. 산동네 마을이라 조금 높은 곳에 오르니 마을이 내려다보였다. 담벼락에는 꽃, 동물 그림과 캘리그라피로 쓴 글귀가 함께 장식되어 있었다.

'행복이 꽃피는 마을'이라는 분홍 표지판을 따라 가보았다. 고 박철현 화백의 숨결이 그대로 느껴지는 야외 갤러리였다. 화가의 대표작 '100명의 천국의 아이들'이 눈에 띄었다. 1984년 한국 기독교 100주년 기념 성화대회에서 대상을 받은 작품이라고 한다. 100명의 아이들을 다 넣기엔 골목이 좁았는지 일부만 그려져 있었는데 100명의 아이들의 마음을 일일이 표현하려고 했던 화가의 마음을 알 수 있었다.

이 벽화를 기획한 박철현 화백의 외동딸 박정현 큐레이터는 어릴 때부터 아버지가 그린 수많은 아이들과 놀았다고 한다. 아버지의 그림 속에는 소를 모는 아이들, 감을 따는 아이들, 해와 별을 따는 아이들 등 늘 하늘나라에 소망을 둔 아이들이 있었다고 그녀는 말했다. 이제 그 아이들은 골목길에서 재잘대며 지친 사람들의 마음에 웃음을 주고 있었다.

일산신도시 개발 열차에 탑승하지 못한 화전동에는 빠른 성장

벽화향기 꽃길

으로 놓쳐버린 것들이 아직 남아 있었다. 전국적으로 벽화마을이 지나치게 많아져서 식상해지고 있는데 이곳에는 마을이 꿈꾸는 이야기들을 그려낸 벽화들이 일상 속에 잘 스며들어 있었다.

화전동 골목갤러리-100명의 천국의 아이들

꽃과 음악이 춤추는 호수공원

지하철 3호선 정발산역은 고양 문화예술의 중심이다. 아람누리공연장, 아람누리도서관에서부터 대형쇼핑몰 라페스타와 웨스턴돔의 사이를 메우는 문화공원을 지나 자유로 방향으로 15분 정도 걸어가면 호수공원 입구에 다다른다. 30여 만 평이나 되는 호수공원은 고양시 문화공간으로 자리잡았다.

고양은 꽃과 호수의 도시다. 호수공원의 꽃전시관에서는 3년마다 4, 5월에 고양국제꽃박람회가 열린다. 국제꽃박람회가 없는 해에는 한국고양꽃전시회가, 가을이면 고양가을꽃축제가 열린다.

고양가을꽃축제장을 찾았다. 꽃전시관 앞에는 코스모스를 비롯한 다양한 가을꽃이 호수로 향하는 사람들의 마음을 사로잡았다. 잠시나마 화사해지고 싶은 여인들의 마음이 따사로운 가을 햇살에 녹아들고 있었고, 아이들은 꽃처럼 빛났다.

꽃의 유혹에 잠시 빠져 있다가 뒤쪽으로 돌아가 보았다. 규모는 작았지만 다양한 물건을 파는 부스도 있고, 쌀을 수확하고 남은 짚을 이용해서 만든 소, 고양이 형상도 있었다. 할로윈데이가 가까워서인지 호박 소품들도 눈에 띄었다. 서양 문화가 친숙

꽃전시관

해지면서 한국에서도 할로윈데이를 즐기는 분위기가 된 것 같았다. 한편에는 전통놀이를 할 수 있는 곳도 마련되어 있었다. 투호를 즐기는 가족들의 얼굴엔 웃음꽃이 피어났다.

 가든쇼가 펼쳐져 있는 곳으로 가 보았다. '엄마의 휴식공간', '소녀들이 꿈꾸던 행복', '노부부의 행복한 미소' 등의 제목으로 20여 개의 작은 정원이 꾸며져 있었다. 사람들이 꿈꾸는 소소한 일상공간을 꽃과 나무로 장식해 놓았다. 그중 '노부부의 행복한 미소'가 눈길을 끌었다. 주름진 얼굴과 백발의 머리카락을 가진 노부부의 행복은 가을 햇살 아래에서 다정히 늙어가는 것 아닐까.

 과거 성장하기 바빴던 시대와 다르게 사람들은 이제 '소확행(작지만 확실한 행복)'을 꿈꾸고 있다. 두툼한 월급봉투보다 말이 통하는 사람과 같이 있는 것이 더 행복할 수도 있다. 행복을 해치는 가장 큰 위험 요소는 다른 사람과의 비교이다. 그 사람과 같은 수준에 도달해도 더 큰 기준을 찾기 때문에 비교는 악순환을 불러일으킬 뿐이다.

 이번엔 꽃전시관 안으로 들어가 보았다. '고양 커피 날다'라는 현수막이 제일 먼저 눈에 들어왔다. 아라비카 고양 원두로 만든 커피축제도 함께 열리고 있었다. 고양시에도 커피 농장이 있다.

짚으로 만든 소 형상

가든쇼 중 '노부부의 행복한 미소'

숙명여대 학생들의 작품

고양 가와지볍씨

고양 지역에서 생산되어 바로 로스팅된 커피를 맛볼 수 있었다. 사탕수수로 만들어진 수제조청, 커피잎으로 가공된 커피잎차, 커피 비누 등도 보였다.

  올해 고양가을꽃축제의 주제는 '꽃으로 사람을 잇다'였다. 커피향을 맡으며 화훼작품들이 전시되어 있는 곳을 둘러보았다. '가을이 있는 브런치', '자작나무 숲의 가을노래' 등 작품 제목부터 가을 분위기가 물씬 풍겼다. 특히 '내 사랑하는 글줄기에 꽃이 피다'라는 제목이 눈길을 끌었다. 문장에 꽃을 더하면 더 큰 감동이 일어난다는 내용으로 꾸민 숙명여대 화예디자인학과 학생들의 작품이었다. 책의 여러 향기를 꽃으로 표현하거나 문학 작품의 제목을 꽃으로 표현하는 등 창의성이 돋보였다.

  플라워 카페 벽면에 적힌 "꽃이 피면 님이 온다"는 글귀에 잠시 걸음을 멈추었다. 스스로 움직이지 못하는 꽃은 자신의 아름다운 색깔과 향기로 벌과 나비를 불러 모은다. 꽃가루를 다른 꽃에게 전달하려는 그 생명을 향한 열정 때문에 꽃이 아름다운 건 아닐까.

  한반도 최초의 재배 볍씨인 '고양 가와지볍씨'로 가공한 쌀도 만날 수 있었다. 1991년 일산 대화동 가와지 마을에서 발굴된 고양 가와지볍씨는 연대측정 결과 약 5,020년 전의 것으로 확인

되었다. 이전까지 한반도의 벼농사는 청동기시대부터 시작되었다고 알려져 있었는데 고양 가와지볍씨의 발굴을 통해 이미 신석기시대에 농경이 행해지고 있었음이 증명되었다. 가와지쌀을 자세히 보니 찹쌀처럼 찰지고 유난히 하얀 색을 띄고 있었다.

내친 김에 항상 지나치기만 했던 꽃전시관 뒤쪽에 있는 고양 600년 기념전시관을 둘러보고 싶어졌다. 고양시 마스코트인 '고야'와 '가와지볍씨'가 입구에서 반겼다.

내부에는 고양시의 문화유산 이야기를 글과 영상으로 잘 보여주고 있었다. 고양은 역사만큼이나 문화유산도 많아 150여 점의 지정문화재가 있다. '2030 경의선' 영상실에서는 고양시가 앞으로 평화통일특별시가 되어 유라시아의 드넓은 대륙으로 나아가려는 청사진을 담은 영상이 상영되고 있었다.

꽃전시관을 나와 호수 쪽으로 발길을 돌렸다. 호수 근처에 있는 둥그런 야외공연장에는 주말이면 작은연주회가 열린다. 호수를 따라 이어진 산책길을 걸었다. 아침에 집을 나갔던 노을이 호수로 다시 돌아오고 있었다. 저녁 무렵이면 인근 신도시 사람들은 닫힌 마음을 열고 호수공원을 찾는다. 에어로빅을 하러 호수공원으로 나오는 사람들도 더러 있다.

호수 가운데 분수가 하늘로 힘차게 솟고 있었다. 아파트의 한

고양 600년 기념전시관

낮 열기는 하늘이 투명하게 비치는 호수 속으로 뛰어들었다. 해 거름이 지자 사람들이 호수를 따라 산책하거나 자전거, 인라인을 타는 풍경이 그림처럼 펼쳐졌다.

JTBC, EBS 방송국이 보였다. 일산테크노밸리, 킨텍스 제3전시장 건립, GTX-A 개통 등 고양시의 새로운 비전이 펼쳐지기 시작하는 곳이다.

저녁노을을 따라가다 보니 노래하는 분수대까지 와버렸다. 이곳에선 오후 8시가 되면 음악분수 공연을 하는데 7, 8월에는 화요일부터 금요일까지 공연을 하고, 4, 5, 6, 9월에는 금요일에만 공연을 한다. 1부 20분, 10분 휴식 후 2부 20분 공연이 이어진다. 분수 주변 안내판에 오늘의 선곡표가 나와 있어 어떤 음악이 나오는지도 미리 확인할 수 있다. 분수 모양은 35가지를 기본으로 최대 500가지의 모양을 연출할 수 있다고 한다. 이것을 위해 1,555개의 노즐이 사용된다. 다른 지역에도 호수공원, 노래하는 분수대가 있지만 원조는 이곳 일산이다.

마침 금요일이라 달빛 아래 연출되는 색의 향연에 젖어 보았다. 방탄소년단의 노래를 비롯한 다양한 음악과 함께 쌓여 있던 낮의 열기들이 찬란한 물색에 빠져들었다. 달빛도 물춤에 취해 빛을 뿜었고, 분수는 여름 더위에 지친 사람들의 마음을 시원하게

야외공연장

노래하는 분수대

씻어 내렸다.

 방탄소년단의 리더 RM이 일산 출신이고 방탄소년단의 'Ma City'라는 곡 가사에 가장 먼저 등장하는 도시도 바로 일산이다.

 일산신도시도 이제 나이를 먹었다. 이곳에서 태어나고 자란 아이들은 어른이 되었다. 급속히 변화하는 사회에 아이들도 어른들도 불안하지만 나를 세상의 중심에 놓고 내가 있는 그 자리를 사랑한다면 세상에 휘둘리지 않고 살 수 있을 것이다. 호수는 파도치는 도시 사람들의 마음을 토닥이고 있었다.

> 니가 어디에 살건
> 내가 어디에 살건
> 한참을 달렸네
> 나 다시 또 한참을 달렸네
> 나 죽어도 말 못해
> 내게 억만금을 주고 딴 데 살라고?
> 일산. 내가 죽어도 묻히고픈 곳
> 집 같던 라페스타 또 웨스턴돔
> 어린 시절 날 키워낸 후곡 학원촌
> 세상에서 가장 조화로운 곳

자연과 도시, 빌딩과 꽃
한강보다 호수공원이 더 좋아 난
작아도 훨씬 포근히 안아준다고 널
내가 나를 잃는 것 같을 때
그 곳에서 빛바래 오래된 날 찾네.

-방탄소년단의 'Ma City' 중에서

고양 테마 여행기
소소여행

초판 발행 2019년 11월 15일
2쇄 발행 2020년 3월 16일

글, 사진 이다빈

편집, 디자인 신지현
일러스트 오은지

펴낸곳 아트로드
펴낸이 신지현
출판 등록 2018년 9월 18일 제010-000154호
주소 경기 고양시 일산동구 강송로169 한주프라자 503호
전화 031-906-6220
팩스 0303-3446-6220
전자우편 artroadbook@naver.com
홈페이지 artroadbook.modoo.at
인스타그램 @artroad_book

*저자와 출판사의 동의 없이 내용의 일부를 인용하거나 발췌하는 것을 금합니다.
*잘못된 책은 바꾸어 드립니다. 값은 뒤표지에 표시되어 있습니다.

ISBN 979-11-967944-2-2

이 도서의 국립중앙도서관 출판예정도서목록(CIP)은 서지정보유통지원시스템 홈페이지(http://seoji.nl.go.kr)와
국가자료공동목록시스템(http://www.nl.go.kr/kolisnet)에서 이용하실 수 있습니다.
(CIP제어번호: CIP2019044095)